DAS WUNDERBAR EHRLICHE

FREUNDE BUCH

CONFIDENTIAL

FÜR MAMAS

CONFIDENTIAL

ES IST NICHT LEICHT,
MAMA ZU SEIN.

WÄRE ES LEICHT, WÜRDE ES
DER PAPA MACHEN.

WILLKOMMEN IM (ZU EHRLICHEN) MAMA-FREUNDEBUCH!

DIESES BUCH FUNKTIONIERT WIE FRÜHER –
NUR MIT WENIGER GLITZER UND MEHR AUGENRINGEN.

SO LÄUFT'S AB:

1. DIE ERSTEN SEITEN FÜLLT IHR ALLE GEMEINSAM AUS. PARTYINSEL, WARME WORTE, INSIDER & CHAOS – ALLES, WAS EUCH VERBINDET.

2. DANN BEKOMMT JEDE MAMA IHRE EIGENEN EINZELSEITEN. DORT KANNST DU DICH VEREWIGEN, AUSPACKEN, LUSTIG SEIN ODER EINFACH EHRLICH.

3. DIE BUCHBESITZERIN BEKOMMT AM ENDE EIN GANZES WERK VOLLER LIEBE, LACHEN & MAMA-MAGIE.

REGELN (INOFFIZIELL):

DU DARFST ÜBERALL KRITZELN.
DU DARFST EHRLICH SEIN.
DU MUSST NICHT PERFEKT SCHREIBEN.
DU DARFST WÄHRENDDESSEN SNACKS ESSEN.

UND: LASS PLATZ FÜR DIE ANDEREN MAMAS.
DIE BRAUCHEN WIE DU VIEL RAUM FÜR CHAOS.

VIEL SPAß BEIM AUSFÜLLEN,
REINSCHREIBEN, REINFÜHLEN, REINKRITZELN
– UND BEIM GEMEINSAMEN LACHEN!

PARTYINSEL

ZEICHNE DICH SELBST AUF DER INSEL EIN.
SEI KREATIV UND LASS PLATZ FÜR DIE ANDEREN

LIEBLINGSWITZE & FOTOS

LIEBLINGSWITZE & FOTOS

UNSER MAMA-ÜBERLEBENSKIT

JEDE MAMA TRÄGT EIN, WAS SIE RETTET

FÜR DEN WUTAUSBRUCH:

(DEINES KINDES, NICHT DEINEN)

FÜR DEN SPIELPLATZ:

- [ ] ______________
- [ ] ______________
- [ ] ______________
- [ ] ______________
- [ ] ______________

FÜR DEN ELTERNABEND:

- [ ] ______________
- [ ] ______________
- [ ] ______________
- [ ] ______________
- [ ] ______________

WISH
-list-

____

____

____

____

____

WARME-WORTE-DUSCHE

WAS ICH TOLL AN DIR FINDE

SAGT__________

SAGT__________

SAGT__________

SAGT__________

SAGT__________

SAGT__________

FINDET__________

SAGT__________

SAGT__________

FINDET__________

SAGT__________

SAGT__________

FINDET__________

SAGT__________

SAGT__________

SAGT__________

SAGT__________

SAGT__________

FINDET__________

ÜBER MICH

NAME:

MEIN ALTER

MAMA SEIT: (JAHR)

MEIN SPIRIT ANIMAL HEUTE:

- ☐ FAULTIER
- ☐ VERHEULTER PANDA
- ☐ KOFFEINABHÄNGIGES EINHORN
- ☐ BRÜLLAFFE
- ☐

ANZAHL DER KINDER:

- ☐ 1
- ☐ 2
- ☐ 3
- ☐ 3+ (GOTT STEH MIR BEI)

WENN ICH EINE SUPERKRAFT HÄTTE, WÄRE DAS:

SO GERN WÜRDE ICH JETZT EIN NICKERCHEN MACHEN:

0 1 2 3 4 5 6 7 8 9 sehr!

DAS IST DAS PEINLICHSTE, WAS MIR JE PASSIERT IST:

ICH KÖNNTE NICHT OHNE:

MEIN AKTUELLES CHAOS-LEVEL

Ich hab's im Griff ⟹ "Ich google das lieber" ⟹ "Er hat WAS gemacht??!" ⟹ Ich lebe vom Mut der Verzweiflung

MAMA REALITÄTSCHECK

WOMIT ICH MEINE KINDER AM HÄUFIGSTEN BESTECHE:

DIE SCHLECHTESTE IDEE, DIE ICH ALS MAMA JE HATTE:

ETWAS, WAS ICH HEUTE eigentlich ERLEDIGEN WOLLTE (& NICHT ERLEDIGT HABE):

MEINE TYPISCHE REAKTION AUF "MAMAAAA!"

- ☐ JA SCHATZ?
- ☐ JA?!?
- ☐ JAAAAA??!!!
- ☐ WAS????!!!!!!!!!!
- ☐ SO TUN, ALS HÄTTE ICH ES NICHT GEHÖRT

WAS MEINE KINDER LIEBEN, WAS ICH NIE ESSEN WÜRDE:

MEIN LETZTER NERVENZUSAMMENBRUCH WAR WEGEN:

SÄTZE, DIE ICH ALS MAMA NIE SAGEN WOLLTE (ABER JETZT TÄGLICH SAGE)

WIE OFT ICH AM TAG "IST ES NORMAL, DASS" GOOGLE:

0 1 2 3 4 5 6 7 8 9 oft!

SAUBERKEITSLEVEL MEINER WOHNUNG:

- ☐ natürlich top blitzblank
- ☐ einmal mit dem Fuß schieben = aufgeräumt
- ☐ sauber genug, dass niemand eine Tetanusimpfung braucht

MAMA REALITÄTSCHECK

SÄTZE, DIE ICH MEINEM KIND VIEL ZU OFT SAGE

DINGE, DIE ICH BESSER NICHT MEHR MACHE:

- ☐ Spielzeug aufräumen, solange das Kind wach ist
- ☐ Versuchen, mit meinem Kind logisch zu diskutieren
- ☐ Gemüse als Smoothies tarnen (es durchschaut es)
- ☐
- ☐

WAS ICH SAGE:	WAS MEIN KIND HÖRT:
☐ Fass das nicht an.	☐ Berühre es sofort. Mit beiden Händen. Und lass es fallen.
☐ Schlaf jetzt	☐ Erzähl mir deinen gesamten Tag mit allen Details und trink zwei Gläser Wasser
☐ Nicht streiten!	☐ Kämpft wie zwei WWE-Wrestler um ein kaputtes Spielzeug.
☐	☐

ÜBER DICH

MEIN SPITZNAME FÜR DICH

DEINE PEINLICHSTE KLAMOTTE:

WAS ICH AN DIR AM MEISTEN BEWUNDERE:

MEIN ULTIMATIVER ERZIEHUNGSTIPP FÜR DICH:

SO SEHR MAG ICH DICH

0 1 2 3 4 5 6 7 8 9 seeehr!

WAS ICH DIR SCHON IMMER MAL SAGEN WOLLTE:

ICH WÜNSCHE DIR_

FÜR DICH WÜRDE ICH:

ÜBER UNS

FREUNDINNEN SEIT:

☐ ODER "GEFÜHLT SCHON IMMER"

DAS MÜSSEN WIR UNBEDINGT ZUSAMMEN MACHEN:

SO HABEN WIR UNS KENNENGELERNT (DIE UNGESCHÖNTE VERSION)

UNSER PEINLICHSTES GEMEINSAMES ERLEBNIS:

DARÜBER LACHEN NUR WIR BEIDE:

UNSERE FREUNDSCHAFT IN PROZENT

(WEIN, DRAMA, KAFFEE & INSIDER-WITZE...)

BUCKET LIST FÜR UNS:

WENN WIR BEIDEN HEXEN WÄREN, WÜRDEN WIR:

MAMA BINGO

kalten Kaffee getrunken	"ich zähle bis drei"	etwas vergessen	Streit geschlichtet
Toast falsch geschnitten	Kinderlied im Kopf	In Ruhe geduscht	Auf Lego getreten
"gleich"	Elternabend überlebt	Kind als Ausrede benutzt	"Mamaaa!"
Alles klebt	Falsche Brotdose gegriffen	Pädagogisch wertlosl	Essensreste gegessen

MEINE ENERGIE

- ☐ OK
- ☐ NAJA
- ☐ MEH
- ☐ 0,00000

MEIN MAMA-MANTRA HEUTE:

NOTIZ AN MICH SELBST:

ÜBER MICH

NAME:

MEIN ALTER

MAMA SEIT: (JAHR)

MEIN SPIRIT ANIMAL HEUTE:
- ☐ FAULTIER
- ☐ VERHEULTER PANDA
- ☐ KOFFEINABHÄNGIGES EINHORN
- ☐ BRÜLLAFFE
- ☐

ANZAHL DER KINDER:
- ☐ 1
- ☐ 2
- ☐ 3
- ☐ 3+ (GOTT STEH MIR BEI)

WENN ICH EINE SUPERKRAFT HÄTTE, WÄRE DAS:

SO GERN WÜRDE ICH JETZT EIN NICKERCHEN MACHEN:

0 1 2 3 4 5 6 7 8 9 sehr!

DAS IST DAS PEINLICHSTE, WAS MIR JE PASSIERT IST:

ICH KÖNNTE NICHT OHNE:

MEIN AKTUELLES CHAOS-LEVEL

Ich hab's im Griff → "Ich google das lieber" → "Er hat WAS gemacht??!" → Ich lebe vom Mut der Verzweiflung

MAMA REALITÄTSCHECK

WOMIT ICH MEINE KINDER AM HÄUFIGSTEN BESTECHE:

DIE SCHLECHTESTE IDEE, DIE ICH ALS MAMA JE HATTE:

ETWAS, WAS ICH HEUTE eigentlich ERLEDIGEN WOLLTE (& NICHT ERLEDIGT HABE):

MEINE TYPISCHE REAKTION AUF "MAMAAAA!"

- ☐ JA SCHATZ?
- ☐ JA?!?
- ☐ JAAAAA??!!!
- ☐ WAS????!!!!!!!!!!
- ☐ SO TUN, ALS HÄTTE ICH ES NICHT GEHÖRT

WAS MEINE KINDER LIEBEN, WAS ICH NIE ESSEN WÜRDE:

MEIN LETZTER NERVENZUSAMMENBRUCH WAR WEGEN:

SÄTZE, DIE ICH ALS MAMA NIE SAGEN WOLLTE (ABER JETZT TÄGLICH SAGE)

WIE OFT ICH AM TAG "IST ES NORMAL,DASS" GOOGLE:

0 1 2 3 4 5 6 7 8 9 oft!

SAUBERKEITSLEVEL MEINER WOHNUNG:

- ☐ natürlich top blitzblank
- ☐ einmal mit dem Fuß schieben = aufgeräumt
- ☐ sauber genug, dass niemand eine Tetanusimpfung braucht

MAMA REALITÄTSCHECK

SÄTZE, DIE ICH MEINEM KIND VIEL ZU OFT SAGE

DINGE, DIE ICH BESSER NICHT MEHR MACHE:

- ☐ Spielzeug aufräumen, solange das Kind wach ist
- ☐ Versuchen, mit meinem Kind logisch zu diskutieren
- ☐ Gemüse als Smoothies tarnen (es durchschaut es)
- ☐
- ☐

WAS ICH SAGE:	WAS MEIN KIND HÖRT:
☐ Fass das nicht an.	☐ Berühre es sofort. Mit beiden Händen. Und lass es fallen.
☐ Schlaf jetzt	☐ Erzähl mir deinen gesamten Tag mit allen Details und trink zwei Gläser Wasser
☐ Nicht streiten!	☐ Kämpft wie zwei WWE-Wrestler um ein kaputtes Spielzeug.
☐	☐

ÜBER DICH

MEIN SPITZNAME FÜR DICH

DEINE PEINLICHSTE KLAMOTTE:

WAS ICH AN DIR AM MEISTEN BEWUNDERE:

MEIN ULTIMATIVER ERZIEHUNGSTIPP FÜR DICH:

SO SEHR MAG ICH DICH

0 1 2 3 4 5 6 7 8 9 seeehr!

WAS ICH DIR SCHON IMMER MAL SAGEN WOLLTE:

ICH WÜNSCHE DIR_

FÜR DICH WÜRDE ICH:

ÜBER UNS

FREUNDINNEN SEIT:

☐ ODER "GEFÜHLT SCHON IMMER"

DAS MÜSSEN WIR UNBEDINGT ZUSAMMEN MACHEN:

SO HABEN WIR UNS KENNENGELERNT (DIE UNGESCHÖNTE VERSION)

UNSER PEINLICHSTES GEMEINSAMES ERLEBNIS:

DARÜBER LACHEN NUR WIR BEIDE:

UNSERE FREUNDSCHAFT IN PROZENT

(WEIN, DRAMA, KAFFEE & INSIDER-WITZE…)

BUCKET LIST FÜR UNS:

WENN WIR BEIDEN HEXEN WÄREN, WÜRDEN WIR:

MAMA BINGO

kalten Kaffee getrunken	"ich zähle bis drei"	etwas vergessen	Streit geschlichtet
Toast falsch geschnitten	Kinderlied im Kopf	In Ruhe geduscht	Auf Lego getreten
"gleich"	Elternabend überlebt	Kind als Ausrede benutzt	"Mamaaa!"
Alles klebt	Falsche Brotdose gegriffen	Pädagogisch wertlos!	Essensreste gegessen

MEINE ENERGIE

- ☐ OK
- ☐ NAJA
- ☐ MEH
- ☐ 0,00000

MEIN MAMA-MANTRA HEUTE:

NOTIZ AN MICH SELBST:

ÜBER MICH

NAME:

MEIN ALTER

MAMA SEIT: (JAHR)

MEIN SPIRIT ANIMAL HEUTE:

- ☐ FAULTIER
- ☐ VERHEULTER PANDA
- ☐ KOFFEINABHÄNGIGES EINHORN
- ☐ BRÜLLAFFE
- ☐

ANZAHL DER KINDER:

- ☐ 1
- ☐ 2
- ☐ 3
- ☐ 3+ (GOTT STEH MIR BEI)

WENN ICH EINE SUPERKRAFT HÄTTE, WÄRE DAS:

SO GERN WÜRDE ICH JETZT EIN NICKERCHEN MACHEN:

0 1 2 3 4 5 6 7 8 9 sehr!

DAS IST DAS PEINLICHSTE, WAS MIR JE PASSIERT IST:

ICH KÖNNTE NICHT OHNE:

MEIN AKTUELLES CHAOS-LEVEL

Ich hab's im Griff ⟹ "Ich google das lieber" ⟹ "Er hat WAS gemacht??!" ⟹ Ich lebe vom Mut der Verzweiflung

MAMA REALITÄTSCHECK

WOMIT ICH MEINE KINDER AM HÄUFIGSTEN BESTECHE:

DIE SCHLECHTESTE IDEE, DIE ICH ALS MAMA JE HATTE:

ETWAS, WAS ICH HEUTE eigentlich ERLEDIGEN WOLLTE (& NICHT ERLEDIGT HABE):

MEINE TYPISCHE REAKTION AUF "MAMAAAA!"

- ☐ JA SCHATZ?
- ☐ JA?!?
- ☐ JAAAAA??!!!
- ☐ WAS????!!!!!!!!!!
- ☐ SO TUN, ALS HÄTTE ICH ES NICHT GEHÖRT

WAS MEINE KINDER LIEBEN, WAS ICH NIE ESSEN WÜRDE:

MEIN LETZTER NERVENZUSAMMENBRUCH WAR WEGEN:

SÄTZE, DIE ICH ALS MAMA NIE SAGEN WOLLTE (ABER JETZT TÄGLICH SAGE)

WIE OFT ICH AM TAG "IST ES NORMAL, DASS" GOOGLE:

0 1 2 3 4 5 6 7 8 9 oft!

SAUBERKEITSLEVEL MEINER WOHNUNG:

- ☐ natürlich top blitzblank
- ☐ einmal mit dem Fuß schieben = aufgeräumt
- ☐ sauber genug, dass niemand eine Tetanusimpfung braucht

MAMA REALITÄTSCHECK

SÄTZE, DIE ICH MEINEM KIND VIEL ZU OFT SAGE

DINGE, DIE ICH BESSER NICHT MEHR MACHE:

- ☐ Spielzeug aufräumen, solange das Kind wach ist
- ☐ Versuchen, mit meinem Kind logisch zu diskutieren
- ☐ Gemüse als Smoothies tarnen (es durchschaut es)
- ☐
- ☐

WAS ICH SAGE:	WAS MEIN KIND HÖRT:
☐ Fass das nicht an.	☐ Berühre es sofort. Mit beiden Händen. Und lass es fallen.
☐ Schlaf jetzt	☐ Erzähl mir deinen gesamten Tag mit allen Details und trink zwei Gläser Wasser
☐ Nicht streiten!	☐ Kämpft wie zwei WWE-Wrestler um ein kaputtes Spielzeug.
☐	☐

ÜBER DICH

MEIN SPITZNAME FÜR DICH

DEINE PEINLICHSTE KLAMOTTE:

WAS ICH AN DIR AM MEISTEN BEWUNDERE:

MEIN ULTIMATIVER ERZIEHUNGSTIPP FÜR DICH:

SO SEHR MAG ICH DICH

0 1 2 3 4 5 6 7 8 9 seeehr!

WAS ICH DIR SCHON IMMER MAL SAGEN WOLLTE:

ICH WÜNSCHE DIR_

FÜR DICH WÜRDE ICH:

ÜBER UNS

FREUNDINNEN SEIT:

☐ ODER "GEFÜHLT SCHON IMMER"

DAS MÜSSEN WIR UNBEDINGT ZUSAMMEN MACHEN:

SO HABEN WIR UNS KENNENGELERNT (DIE UNGESCHÖNTE VERSION)

UNSER PEINLICHSTES GEMEINSAMES ERLEBNIS:

DARÜBER LACHEN NUR WIR BEIDE:

UNSERE FREUNDSCHAFT IN PROZENT

(WEIN, DRAMA, KAFFEE & INSIDER-WITZE...)

BUCKET LIST FÜR UNS:

WENN WIR BEIDEN HEXEN WÄREN, WÜRDEN WIR:

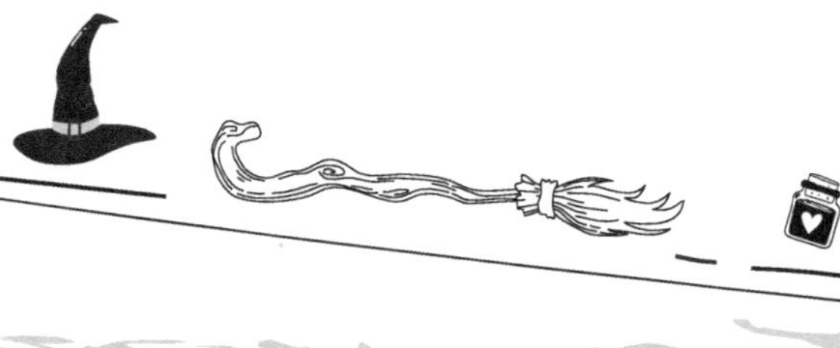

MAMA BINGO

kalten Kaffee getrunken	"ich zähle bis drei"	etwas vergessen	Streit geschlichtet
Toast falsch geschnitten	Kinderlied im Kopf	In Ruhe geduscht	Auf Lego getreten
"gleich"	Elternabend überlebt	Kind als Ausrede benutzt	"Mamaaa!"
Alles klebt	Falsche Brotdose gegriffen	Pädagogisch wertlos!	Essensreste gegessen

MEINE ENERGIE

- ☐ OK
- ☐ NAJA
- ☐ MEH
- ☐ 0,00000

MEIN MAMA-MANTRA HEUTE:

NOTIZ AN MICH SELBST:

ÜBER MICH

NAME:

MEIN ALTER

MAMA SEIT: (JAHR)

MEIN SPIRIT ANIMAL HEUTE:

- ☐ FAULTIER
- ☐ VERHEULTER PANDA
- ☐ KOFFEINABHÄNGIGES EINHORN
- ☐ BRÜLLAFFE
- ☐

ANZAHL DER KINDER:

- ☐ 1
- ☐ 2
- ☐ 3
- ☐ 3+ (GOTT STEH MIR BEI)

WENN ICH EINE SUPERKRAFT HÄTTE, WÄRE DAS:

SO GERN WÜRDE ICH JETZT EIN NICKERCHEN MACHEN:

0 1 2 3 4 5 6 7 8 9 sehr!

DAS IST DAS PEINLICHSTE, WAS MIR JE PASSIERT IST:

ICH KÖNNTE NICHT OHNE:

MEIN AKTUELLES CHAOS-LEVEL

Ich hab's im Griff ⇒ "Ich google das lieber" ⇒ "Er hat WAS gemacht??!" ⇒ Ich lebe vom Mut der Verzweiflung

MAMA REALITÄTSCHECK

WOMIT ICH MEINE KINDER AM HÄUFIGSTEN BESTECHE:

DIE SCHLECHTESTE IDEE, DIE ICH ALS MAMA JE HATTE:

ETWAS, WAS ICH HEUTE eigentlich ERLEDIGEN WOLLTE (& NICHT ERLEDIGT HABE):

MEINE TYPISCHE REAKTION AUF "MAMAAAA!"

- ☐ JA SCHATZ?
- ☐ JA?!?
- ☐ JAAAAA??!!!
- ☐ WAS????!!!!!!!!!!
- ☐ SO TUN, ALS HÄTTE ICH ES NICHT GEHÖRT

WAS MEINE KINDER LIEBEN, WAS ICH NIE ESSEN WÜRDE:

MEIN LETZTER NERVENZUSAMMENBRUCH WAR WEGEN:

SÄTZE, DIE ICH ALS MAMA NIE SAGEN WOLLTE (ABER JETZT TÄGLICH SAGE)

WIE OFT ICH AM TAG "IST ES NORMAL, DASS" GOOGLE:

0 1 2 3 4 5 6 7 8 9 oft!

SAUBERKEITSLEVEL MEINER WOHNUNG:

- ☐ natürlich top blitzblank
- ☐ einmal mit dem Fuß schieben = aufgeräumt
- ☐ sauber genug, dass niemand eine Tetanusimpfung braucht

MAMA REALITÄTSCHECK

SÄTZE, DIE ICH MEINEM KIND VIEL ZU OFT SAGE

DINGE, DIE ICH BESSER NICHT MEHR MACHE:

- ☐ Spielzeug aufräumen, solange das Kind wach ist
- ☐ Versuchen, mit meinem Kind logisch zu diskutieren
- ☐ Gemüse als Smoothies tarnen (es durchschaut es)
- ☐
- ☐

WAS ICH SAGE:	WAS MEIN KIND HÖRT:
☐ Fass das nicht an.	☐ Berühre es sofort. Mit beiden Händen. Und lass es fallen.
☐ Schlaf jetzt	☐ Erzähl mir deinen gesamten Tag mit allen Details und trink zwei Gläser Wasser
☐ Nicht streiten!	☐ Kämpft wie zwei WWE-Wrestler um ein kaputtes Spielzeug.
☐	☐

ÜBER DICH

MEIN SPITZNAME FÜR DICH

DEINE PEINLICHSTE KLAMOTTE:

WAS ICH AN DIR AM MEISTEN BEWUNDERE:

MEIN ULTIMATIVER ERZIEHUNGSTIPP FÜR DICH:

SO SEHR MAG ICH DICH

0 1 2 3 4 5 6 7 8 9 seeehr!

WAS ICH DIR SCHON IMMER MAL SAGEN WOLLTE:

ICH WÜNSCHE DIR_

FÜR DICH WÜRDE ICH:

ÜBER UNS

FREUNDINNEN SEIT:

☐ ODER "GEFÜHLT SCHON IMMER"

DAS MÜSSEN WIR UNBEDINGT ZUSAMMEN MACHEN:

SO HABEN WIR UNS KENNENGELERNT (DIE UNGESCHÖNTE VERSION)

UNSER PEINLICHSTES GEMEINSAMES ERLEBNIS:

DARÜBER LACHEN NUR WIR BEIDE:

UNSERE FREUNDSCHAFT IN PROZENT

(WEIN, DRAMA, KAFFEE & INSIDER-WITZE...)

BUCKET LIST FÜR UNS:

WENN WIR BEIDEN HEXEN WÄREN, WÜRDEN WIR:

MAMA BINGO

kalten Kaffee getrunken	"ich zähle bis drei"	etwas vergessen	Streit geschlichtet
Toast falsch geschnitten	Kinderlied im Kopf	In Ruhe geduscht	Auf Lego getreten
"gleich"	Elternabend überlebt	Kind als Ausrede benutzt	"Mamaaa!"
Alles klebt	Falsche Brotdose gegriffen	Pädagogisch wertlos!	Essensreste gegessen

MEINE ENERGIE

- ☐ OK
- ☐ NAJA
- ☐ MEH
- ☐ 0,00000

MEIN MAMA-MANTRA HEUTE:

NOTIZ AN MICH SELBST:

ÜBER MICH

NAME:

MEIN ALTER

MAMA SEIT: (JAHR)

MEIN SPIRIT ANIMAL HEUTE:
- ☐ FAULTIER
- ☐ VERHEULTER PANDA
- ☐ KOFFEINABHÄNGIGES EINHORN
- ☐ BRÜLLAFFE
- ☐

ANZAHL DER KINDER:
- ☐ 1
- ☐ 2
- ☐ 3
- ☐ 3+ (GOTT STEH MIR BEI)

WENN ICH EINE SUPERKRAFT HÄTTE, WÄRE DAS:

SO GERN WÜRDE ICH JETZT EIN NICKERCHEN MACHEN:

0 1 2 3 4 5 6 7 8 9 sehr!

DAS IST DAS PEINLICHSTE, WAS MIR JE PASSIERT IST:

ICH KÖNNTE NICHT OHNE:

MEIN AKTUELLES CHAOS-LEVEL

Ich hab's im Griff ⟹ "Ich google das lieber" ⟹ "Er hat WAS gemacht??!" ⟹ Ich lebe vom Mut der Verzweiflung

MAMA REALITÄTSCHECK

WOMIT ICH MEINE KINDER AM HÄUFIGSTEN BESTECHE:

DIE SCHLECHTESTE IDEE, DIE ICH ALS MAMA JE HATTE:

ETWAS, WAS ICH HEUTE eigentlich ERLEDIGEN WOLLTE (& NICHT ERLEDIGT HABE):

MEINE TYPISCHE REAKTION AUF "MAMAAAA!"

- ☐ JA SCHATZ?
- ☐ JA?!?
- ☐ JAAAAA??!!!
- ☐ WAS????!!!!!!!!!!
- ☐ SO TUN, ALS HÄTTE ICH ES NICHT GEHÖRT

WAS MEINE KINDER LIEBEN, WAS ICH NIE ESSEN WÜRDE:

MEIN LETZTER NERVENZUSAMMENBRUCH WAR WEGEN:

SÄTZE, DIE ICH ALS MAMA NIE SAGEN WOLLTE (ABER JETZT TÄGLICH SAGE)

WIE OFT ICH AM TAG "IST ES NORMAL, DASS" GOOGLE:

0 1 2 3 4 5 6 7 8 9 oft!

SAUBERKEITSLEVEL MEINER WOHNUNG:

- ☐ natürlich top blitzblank
- ☐ einmal mit dem Fuß schieben = aufgeräumt
- ☐ sauber genug, dass niemand eine Tetanusimpfung braucht

MAMA REALITÄTSCHECK

SÄTZE, DIE ICH MEINEM KIND VIEL ZU OFT SAGE

DINGE, DIE ICH BESSER NICHT MEHR MACHE:

- ☐ Spielzeug aufräumen, solange das Kind wach ist
- ☐ Versuchen, mit meinem Kind logisch zu diskutieren
- ☐ Gemüse als Smoothies tarnen (es durchschaut es)
- ☐
- ☐

WAS ICH SAGE:	WAS MEIN KIND HÖRT:
☐ Fass das nicht an.	☐ Berühre es sofort. Mit beiden Händen. Und lass es fallen.
☐ Schlaf jetzt	☐ Erzähl mir deinen gesamten Tag mit allen Details und trink zwei Gläser Wasser
☐ Nicht streiten!	☐ Kämpft wie zwei WWE-Wrestler um ein kaputtes Spielzeug.
☐	☐

ÜBER DICH

MEIN SPITZNAME FÜR DICH

DEINE PEINLICHSTE KLAMOTTE:

WAS ICH AN DIR AM MEISTEN BEWUNDERE:

MEIN ULTIMATIVER ERZIEHUNGSTIPP FÜR DICH:

SO SEHR MAG ICH DICH

0 1 2 3 4 5 6 7 8 9 seeehr!

WAS ICH DIR SCHON IMMER MAL SAGEN WOLLTE:

ICH WÜNSCHE DIR_

FÜR DICH WÜRDE ICH:

ÜBER UNS

FREUNDINNEN SEIT:

☐ ODER "GEFÜHLT SCHON IMMER"

DAS MÜSSEN WIR UNBEDINGT ZUSAMMEN MACHEN:

SO HABEN WIR UNS KENNENGELERNT (DIE UNGESCHÖNTE VERSION)

UNSER PEINLICHSTES GEMEINSAMES ERLEBNIS:

DARÜBER LACHEN NUR WIR BEIDE:

UNSERE FREUNDSCHAFT IN PROZENT

(WEIN, DRAMA, KAFFEE & INSIDER-WITZE...)

BUCKET LIST FÜR UNS:

WENN WIR BEIDEN HEXEN WÄREN, WÜRDEN WIR:

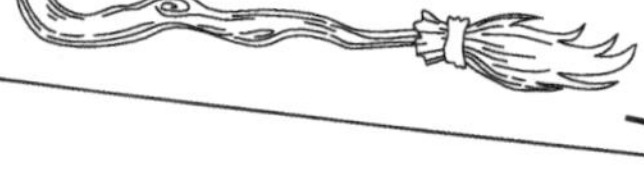

MAMA BINGO

kalten Kaffee getrunken	"ich zähle bis drei"	etwas vergessen	Streit geschlichtet
Toast falsch geschnitten	Kinderlied im Kopf	In Ruhe geduscht	Auf Lego getreten
"gleich"	Elternabend überlebt	Kind als Ausrede benutzt	"Mamaaa!"
Alles klebt	Falsche Brotdose gegriffen	Pädagogisch wertlos!	Essensreste gegessen

MEINE ENERGIE

- ☐ OK
- ☐ NAJA
- ☐ MEH
- ☐ 0,00000

MEIN MAMA-MANTRA HEUTE:

NOTIZ AN MICH SELBST:

ÜBER MICH

NAME:

MEIN ALTER

MAMA SEIT: (JAHR)

MEIN SPIRIT ANIMAL HEUTE:
- ☐ FAULTIER
- ☐ VERHEULTER PANDA
- ☐ KOFFEINABHÄNGIGES EINHORN
- ☐ BRÜLLAFFE
- ☐

ANZAHL DER KINDER:
- ☐ 1
- ☐ 2
- ☐ 3
- ☐ 3+ (GOTT STEH MIR BEI)

WENN ICH EINE SUPERKRAFT HÄTTE, WÄRE DAS:

SO GERN WÜRDE ICH JETZT EIN NICKERCHEN MACHEN:

0 1 2 3 4 5 6 7 8 9 sehr!

DAS IST DAS PEINLICHSTE, WAS MIR JE PASSIERT IST:

ICH KÖNNTE NICHT OHNE:

MEIN AKTUELLES CHAOS-LEVEL

Ich hab's im Griff → "Ich google das lieber" → "Er hat WAS gemacht??!" → Ich lebe vom Mut der Verzweiflung

MAMA REALITÄTSCHECK

WOMIT ICH MEINE KINDER AM HÄUFIGSTEN BESTECHE:

DIE SCHLECHTESTE IDEE, DIE ICH ALS MAMA JE HATTE:

ETWAS, WAS ICH HEUTE *eigentlich* ERLEDIGEN WOLLTE (& NICHT ERLEDIGT HABE):

MEINE TYPISCHE REAKTION AUF "MAMAAAA!"

- ☐ JA SCHATZ?
- ☐ JA?!?
- ☐ JAAAAA??!!!
- ☐ WAS????!!!!!!!!!!
- ☐ SO TUN, ALS HÄTTE ICH ES NICHT GEHÖRT

WAS MEINE KINDER LIEBEN, WAS ICH NIE ESSEN WÜRDE:

MEIN LETZTER NERVENZUSAMMENBRUCH WAR WEGEN:

SÄTZE, DIE ICH ALS MAMA NIE SAGEN WOLLTE (ABER JETZT TÄGLICH SAGE)

WIE OFT ICH AM TAG "IST ES NORMAL, DASS" GOOGLE:

0 1 2 3 4 5 6 7 8 9 oft!

SAUBERKEITSLEVEL MEINER WOHNUNG:

- ☐ natürlich top blitzblank
- ☐ einmal mit dem Fuß schieben = aufgeräumt
- ☐ sauber genug, dass niemand eine Tetanusimpfung braucht

MAMA REALITÄTSCHECK

SÄTZE, DIE ICH MEINEM KIND VIEL ZU OFT SAGE

DINGE, DIE ICH BESSER NICHT MEHR MACHE:

- ☐ Spielzeug aufräumen, solange das Kind wach ist
- ☐ Versuchen, mit meinem Kind logisch zu diskutieren
- ☐ Gemüse als Smoothies tarnen (es durchschaut es)
- ☐
- ☐

WAS ICH SAGE:	WAS MEIN KIND HÖRT:
☐ Fass das nicht an.	☐ Berühre es sofort. Mit beiden Händen. Und lass es fallen.
☐ Schlaf jetzt	☐ Erzähl mir deinen gesamten Tag mit allen Details und trink zwei Gläser Wasser
☐ Nicht streiten!	☐ Kämpft wie zwei WWE-Wrestler um ein kaputtes Spielzeug.
☐	☐

ÜBER DICH

MEIN SPITZNAME FÜR DICH

DEINE PEINLICHSTE KLAMOTTE:

WAS ICH AN DIR AM MEISTEN BEWUNDERE:

MEIN ULTIMATIVER ERZIEHUNGSTIPP FÜR DICH:

SO SEHR MAG ICH DICH

0 1 2 3 4 5 6 7 8 9 seeehr!

WAS ICH DIR SCHON IMMER MAL SAGEN WOLLTE:

ICH WÜNSCHE DIR_

FÜR DICH WÜRDE ICH:

ÜBER UNS

FREUNDINNEN SEIT:

☐ ODER "GEFÜHLT SCHON IMMER"

DAS MÜSSEN WIR UNBEDINGT ZUSAMMEN MACHEN:

SO HABEN WIR UNS KENNENGELERNT (DIE UNGESCHÖNTE VERSION)

UNSER PEINLICHSTES GEMEINSAMES ERLEBNIS:

DARÜBER LACHEN NUR WIR BEIDE:

UNSERE FREUNDSCHAFT IN PROZENT

(WEIN, DRAMA, KAFFEE & INSIDER-WITZE...)

BUCKET LIST FÜR UNS:

WENN WIR BEIDEN HEXEN WÄREN, WÜRDEN WIR:

MAMA BINGO

kalten Kaffee getrunken	"ich zähle bis drei"	etwas vergessen	Streit geschlichtet
Toast falsch geschnitten	Kinderlied im Kopf	In Ruhe geduscht	Auf Lego getreten
"gleich"	Elternabend überlebt	Kind als Ausrede benutzt	"Mamaaa!"
Alles klebt	Falsche Brotdose gegriffen	Pädagogisch wertlos!	Essensreste gegessen

MEINE ENERGIE

- ☐ OK
- ☐ NAJA
- ☐ MEH
- ☐ 0,00000

MEIN MAMA-MANTRA HEUTE:

NOTIZ AN MICH SELBST:

ÜBER MICH

NAME:

MEIN ALTER

MAMA SEIT: (JAHR)

MEIN SPIRIT ANIMAL HEUTE:

- ☐ FAULTIER
- ☐ VERHEULTER PANDA
- ☐ KOFFEINABHÄNGIGES EINHORN
- ☐ BRÜLLAFFE
- ☐

ANZAHL DER KINDER:

- ☐ 1
- ☐ 2
- ☐ 3
- ☐ 3+ (GOTT STEH MIR BEI)

WENN ICH EINE SUPERKRAFT HÄTTE, WÄRE DAS:

SO GERN WÜRDE ICH JETZT EIN NICKERCHEN MACHEN:

0 1 2 3 4 5 6 7 8 9 sehr!

DAS IST DAS PEINLICHSTE, WAS MIR JE PASSIERT IST:

ICH KÖNNTE NICHT OHNE:

MEIN AKTUELLES CHAOS-LEVEL

Ich hab's im Griff → "Ich google das lieber" → "Er hat WAS gemacht??!" → Ich lebe vom Mut der Verzweiflung

MAMA REALITÄTSCHECK

WOMIT ICH MEINE KINDER AM HÄUFIGSTEN BESTECHE:

DIE SCHLECHTESTE IDEE, DIE ICH ALS MAMA JE HATTE:

ETWAS, WAS ICH HEUTE *eigentlich* ERLEDIGEN WOLLTE (& NICHT ERLEDIGT HABE):

MEINE TYPISCHE REAKTION AUF "MAMAAAA!"

- ☐ JA SCHATZ?
- ☐ JA?!?
- ☐ JAAAAA??!!!
- ☐ WAS????!!!!!!!!!!
- ☐ SO TUN, ALS HÄTTE ICH ES NICHT GEHÖRT

WAS MEINE KINDER LIEBEN, WAS ICH NIE ESSEN WÜRDE:

MEIN LETZTER NERVENZUSAMMENBRUCH WAR WEGEN:

SÄTZE, DIE ICH ALS MAMA NIE SAGEN WOLLTE (ABER JETZT TÄGLICH SAGE)

WIE OFT ICH AM TAG "IST ES NORMAL, DASS" GOOGLE:

0 1 2 3 4 5 6 7 8 9 oft!

SAUBERKEITSLEVEL MEINER WOHNUNG:

- ☐ natürlich top blitzblank
- ☐ einmal mit dem Fuß schieben = aufgeräumt
- ☐ sauber genug, dass niemand eine Tetanusimpfung braucht

MAMA REALITÄTSCHECK

SÄTZE, DIE ICH MEINEM KIND VIEL ZU OFT SAGE

DINGE, DIE ICH BESSER NICHT MEHR MACHE:

- ☐ Spielzeug aufräumen, solange das Kind wach ist
- ☐ Versuchen, mit meinem Kind logisch zu diskutieren
- ☐ Gemüse als Smoothies tarnen (es durchschaut es)
- ☐
- ☐

WAS ICH SAGE:	WAS MEIN KIND HÖRT:
☐ Fass das nicht an.	☐ Berühre es sofort. Mit beiden Händen. Und lass es fallen.
☐ Schlaf jetzt	☐ Erzähl mir deinen gesamten Tag mit allen Details und trink zwei Gläser Wasser
☐ Nicht streiten!	☐ Kämpft wie zwei WWE-Wrestler um ein kaputtes Spielzeug.
☐	☐

ÜBER DICH

MEIN SPITZNAME FÜR DICH

DEINE PEINLICHSTE KLAMOTTE:

WAS ICH AN DIR AM MEISTEN BEWUNDERE:

MEIN ULTIMATIVER ERZIEHUNGSTIPP FÜR DICH:

SO SEHR MAG ICH DICH

0 1 2 3 4 5 6 7 8 9 seeehr!

WAS ICH DIR SCHON IMMER MAL SAGEN WOLLTE:

ICH WÜNSCHE DIR_

FÜR DICH WÜRDE ICH:

ÜBER UNS

FREUNDINNEN SEIT:

☐ ODER "GEFÜHLT SCHON IMMER"

DAS MÜSSEN WIR UNBEDINGT ZUSAMMEN MACHEN:

SO HABEN WIR UNS KENNENGELERNT (DIE UNGESCHÖNTE VERSION)

UNSER PEINLICHSTES GEMEINSAMES ERLEBNIS:

DARÜBER LACHEN NUR WIR BEIDE:

UNSERE FREUNDSCHAFT IN PROZENT

(WEIN, DRAMA, KAFFEE & INSIDER-WITZE...)

BUCKET LIST FÜR UNS:

WENN WIR BEIDEN HEXEN WÄREN, WÜRDEN WIR:

MAMA BINGO

kalten Kaffee getrunken	"ich zähle bis drei"	etwas vergessen	Streit geschlichtet
Toast falsch geschnitten	Kinderlied im Kopf	In Ruhe geduscht	Auf Lego getreten
"gleich"	Elternabend überlebt	Kind als Ausrede benutzt	"Mamaaa!"
Alles klebt	Falsche Brotdose gegriffen	Pädagogisch wertlos!	Essensreste gegessen

MEINE ENERGIE

- ☐ OK
- ☐ NAJA
- ☐ MEH
- ☐ 0,00000

MEIN MAMA-MANTRA HEUTE:

NOTIZ AN MICH SELBST:

ÜBER MICH

NAME:

MEIN ALTER

MAMA SEIT: (JAHR)

MEIN SPIRIT ANIMAL HEUTE:

- ☐ FAULTIER
- ☐ VERHEULTER PANDA
- ☐ KOFFEINABHÄNGIGES EINHORN
- ☐ BRÜLLAFFE
- ☐

ANZAHL DER KINDER:

- ☐ 1
- ☐ 2
- ☐ 3
- ☐ 3+ (GOTT STEH MIR BEI)

WENN ICH EINE SUPERKRAFT HÄTTE, WÄRE DAS:

SO GERN WÜRDE ICH JETZT EIN NICKERCHEN MACHEN:

0 1 2 3 4 5 6 7 8 9 sehr!

DAS IST DAS PEINLICHSTE, WAS MIR JE PASSIERT IST:

ICH KÖNNTE NICHT OHNE:

MEIN AKTUELLES CHAOS-LEVEL

Ich hab's im Griff ⟹ "Ich google das lieber" ⟹ "Er hat WAS gemacht??!" ⟹ Ich lebe vom Mut der Verzweiflung

MAMA REALITÄTSCHECK

WOMIT ICH MEINE KINDER AM HÄUFIGSTEN BESTECHE:

DIE SCHLECHTESTE IDEE, DIE ICH ALS MAMA JE HATTE:

ETWAS, WAS ICH HEUTE eigentlich ERLEDIGEN WOLLTE (& NICHT ERLEDIGT HABE):

MEINE TYPISCHE REAKTION AUF "MAMAAAA!"

- ☐ JA SCHATZ?
- ☐ JA?!?
- ☐ JAAAAA??!!!
- ☐ WAS????!!!!!!!!!!
- ☐ SO TUN, ALS HÄTTE ICH ES NICHT GEHÖRT

WAS MEINE KINDER LIEBEN, WAS ICH NIE ESSEN WÜRDE:

MEIN LETZTER NERVENZUSAMMENBRUCH WAR WEGEN:

SÄTZE, DIE ICH ALS MAMA NIE SAGEN WOLLTE (ABER JETZT TÄGLICH SAGE)

WIE OFT ICH AM TAG "IST ES NORMAL, DASS" GOOGLE:

0 1 2 3 4 5 6 7 8 9 oft!

SAUBERKEITSLEVEL MEINER WOHNUNG:

- ☐ natürlich top blitzblank
- ☐ einmal mit dem Fuß schieben = aufgeräumt
- ☐ sauber genug, dass niemand eine Tetanusimpfung braucht

MAMA REALITÄTSCHECK

SÄTZE, DIE ICH MEINEM KIND VIEL ZU OFT SAGE

DINGE, DIE ICH BESSER NICHT MEHR MACHE:

- ☐ Spielzeug aufräumen, solange das Kind wach ist
- ☐ Versuchen, mit meinem Kind logisch zu diskutieren
- ☐ Gemüse als Smoothies tarnen (es durchschaut es)
- ☐
- ☐

WAS ICH SAGE:	WAS MEIN KIND HÖRT:
☐ Fass das nicht an.	☐ Berühre es sofort. Mit beiden Händen. Und lass es fallen.
☐ Schlaf jetzt	☐ Erzähl mir deinen gesamten Tag mit allen Details und trink zwei Gläser Wasser
☐ Nicht streiten!	☐ Kämpft wie zwei WWE-Wrestler um ein kaputtes Spielzeug.
☐	☐

ÜBER DICH

MEIN SPITZNAME FÜR DICH

DEINE PEINLICHSTE KLAMOTTE:

WAS ICH AN DIR AM MEISTEN BEWUNDERE:

MEIN ULTIMATIVER ERZIEHUNGSTIPP FÜR DICH:

SO SEHR MAG ICH DICH

0 1 2 3 4 5 6 7 8 9 seeehr!

WAS ICH DIR SCHON IMMER MAL SAGEN WOLLTE:

ICH WÜNSCHE DIR…

FÜR DICH WÜRDE ICH:

ÜBER UNS

FREUNDINNEN SEIT:

☐ ODER "GEFÜHLT SCHON IMMER"

DAS MÜSSEN WIR UNBEDINGT ZUSAMMEN MACHEN:

SO HABEN WIR UNS KENNENGELERNT (DIE UNGESCHÖNTE VERSION)

UNSER PEINLICHSTES GEMEINSAMES ERLEBNIS:

DARÜBER LACHEN NUR WIR BEIDE:

UNSERE FREUNDSCHAFT IN PROZENT

(WEIN, DRAMA, KAFFEE & INSIDER-WITZE...)

BUCKET LIST FÜR UNS:

WENN WIR BEIDEN HEXEN WÄREN, WÜRDEN WIR:

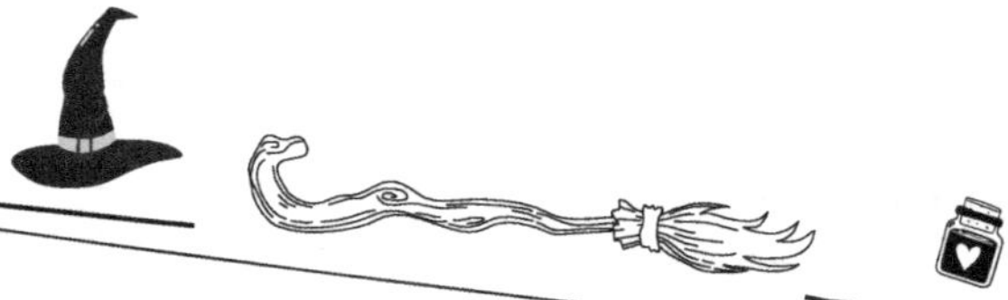

MAMA BINGO

kalten Kaffee getrunken	"ich zähle bis drei"	etwas vergessen	Streit geschlichtet
Toast falsch geschnitten	Kinderlied im Kopf	In Ruhe geduscht	Auf Lego getreten
"gleich"	Elternabend überlebt	Kind als Ausrede benutzt	"Mamaaa!"
Alles klebt	Falsche Brotdose gegriffen	Pädagogisch wertlos!	Essensreste gegessen

MEINE ENERGIE

- ☐ OK
- ☐ NAJA
- ☐ MEH
- ☐ 0,00000

MEIN MAMA-MANTRA HEUTE:

NOTIZ AN MICH SELBST:

ÜBER MICH

NAME:

MEIN ALTER

MAMA SEIT: (JAHR)

MEIN SPIRIT ANIMAL HEUTE:
- ☐ FAULTIER
- ☐ VERHEULTER PANDA
- ☐ KOFFEINABHÄNGIGES EINHORN
- ☐ BRÜLLAFFE
- ☐

ANZAHL DER KINDER:
- ☐ 1
- ☐ 2
- ☐ 3
- ☐ 3+ (GOTT STEH MIR BEI)

WENN ICH EINE SUPERKRAFT HÄTTE, WÄRE DAS:

SO GERN WÜRDE ICH JETZT EIN NICKERCHEN MACHEN:

0 1 2 3 4 5 6 7 8 9 sehr!

DAS IST DAS PEINLICHSTE, WAS MIR JE PASSIERT IST:

ICH KÖNNTE NICHT OHNE:

MEIN AKTUELLES CHAOS-LEVEL

Ich hab's im Griff ⟹ "Ich google das lieber" ⟹ "Er hat WAS gemacht??!" ⟹ Ich lebe vom Mut der Verzweiflung

MAMA REALITÄTSCHECK

WOMIT ICH MEINE KINDER AM HÄUFIGSTEN BESTECHE:

DIE SCHLECHTESTE IDEE, DIE ICH ALS MAMA JE HATTE:

ETWAS, WAS ICH HEUTE eigentlich ERLEDIGEN WOLLTE (& NICHT ERLEDIGT HABE):

MEINE TYPISCHE REAKTION AUF "MAMAAAA!"

- ☐ JA SCHATZ?
- ☐ JA?!?
- ☐ JAAAAA??!!!
- ☐ WAS????!!!!!!!!!!
- ☐ SO TUN, ALS HÄTTE ICH ES NICHT GEHÖRT

WAS MEINE KINDER LIEBEN, WAS ICH NIE ESSEN WÜRDE:

MEIN LETZTER NERVENZUSAMMENBRUCH WAR WEGEN:

SÄTZE, DIE ICH ALS MAMA NIE SAGEN WOLLTE (ABER JETZT TÄGLICH SAGE)

WIE OFT ICH AM TAG "IST ES NORMAL, DASS" GOOGLE:

0 1 2 3 4 5 6 7 8 9 oft!

SAUBERKEITSLEVEL MEINER WOHNUNG:

- ☐ natürlich top blitzblank
- ☐ einmal mit dem Fuß schieben = aufgeräumt
- ☐ sauber genug, dass niemand eine Tetanusimpfung braucht

MAMA REALITÄTSCHECK

SÄTZE, DIE ICH MEINEM KIND VIEL ZU OFT SAGE

DINGE, DIE ICH BESSER NICHT MEHR MACHE:

- [ ] Spielzeug aufräumen, solange das Kind wach ist
- [ ] Versuchen, mit meinem Kind logisch zu diskutieren
- [ ] Gemüse als Smoothies tarnen (es durchschaut es)
- [ ]
- [ ]

WAS ICH SAGE:	WAS MEIN KIND HÖRT:
☐ Fass das nicht an.	☐ Berühre es sofort. Mit beiden Händen. Und lass es fallen.
☐ Schlaf jetzt	☐ Erzähl mir deinen gesamten Tag mit allen Details und trink zwei Gläser Wasser
☐ Nicht streiten!	☐ Kämpft wie zwei WWE-Wrestler um ein kaputtes Spielzeug.
☐	☐

ÜBER DICH

MEIN SPITZNAME FÜR DICH

DEINE PEINLICHSTE KLAMOTTE:

WAS ICH AN DIR AM MEISTEN BEWUNDERE:

MEIN ULTIMATIVER ERZIEHUNGSTIPP FÜR DICH:

SO SEHR MAG ICH DICH

0 1 2 3 4 5 6 7 8 9 seeehr!

WAS ICH DIR SCHON IMMER MAL SAGEN WOLLTE:

ICH WÜNSCHE DIR_

FÜR DICH WÜRDE ICH:

ÜBER UNS

FREUNDINNEN SEIT:

☐ ODER "GEFÜHLT SCHON IMMER"

DAS MÜSSEN WIR UNBEDINGT ZUSAMMEN MACHEN:

SO HABEN WIR UNS KENNENGELERNT (DIE UNGESCHÖNTE VERSION)

UNSER PEINLICHSTES GEMEINSAMES ERLEBNIS:

DARÜBER LACHEN NUR WIR BEIDE:

UNSERE FREUNDSCHAFT IN PROZENT

(WEIN, DRAMA, KAFFEE & INSIDER-WITZE...)

BUCKET LIST FÜR UNS:

WENN WIR BEIDEN HEXEN WÄREN, WÜRDEN WIR:

MAMA BINGO

kalten Kaffee getrunken	"ich zähle bis drei"	etwas vergessen	Streit geschlichtet
Toast falsch geschnitten	Kinderlied im Kopf	In Ruhe geduscht	Auf Lego getreten
"gleich"	Elternabend überlebt	Kind als Ausrede benutzt	"Mamaaa!"
Alles klebt	Falsche Brotdose gegriffen	Pädagogisch wertlos!	Essensreste gegessen

MEINE ENERGIE

- ☐ OK
- ☐ NAJA
- ☐ MEH
- ☐ 0,00000

MEIN MAMA-MANTRA HEUTE:

NOTIZ AN MICH SELBST:

ÜBER MICH

NAME:

MEIN ALTER

MAMA SEIT: (JAHR)

MEIN SPIRIT ANIMAL HEUTE:

- ☐ FAULTIER
- ☐ VERHEULTER PANDA
- ☐ KOFFEINABHÄNGIGES EINHORN
- ☐ BRÜLLAFFE
- ☐

ANZAHL DER KINDER:

- ☐ 1
- ☐ 2
- ☐ 3
- ☐ 3+ (GOTT STEH MIR BEI)

WENN ICH EINE SUPERKRAFT HÄTTE, WÄRE DAS:

SO GERN WÜRDE ICH JETZT EIN NICKERCHEN MACHEN:

0 1 2 3 4 5 6 7 8 9 sehr!

DAS IST DAS PEINLICHSTE, WAS MIR JE PASSIERT IST:

ICH KÖNNTE NICHT OHNE:

MEIN AKTUELLES CHAOS-LEVEL

Ich hab's im Griff → "Ich google das lieber" → "Er hat WAS gemacht??!" → Ich lebe vom Mut der Verzweiflung

MAMA REALITÄTSCHECK

WOMIT ICH MEINE KINDER AM HÄUFIGSTEN BESTECHE:

DIE SCHLECHTESTE IDEE, DIE ICH ALS MAMA JE HATTE:

ETWAS, WAS ICH HEUTE eigentlich ERLEDIGEN WOLLTE (& NICHT ERLEDIGT HABE):

MEINE TYPISCHE REAKTION AUF "MAMAAAA!"

- ☐ JA SCHATZ?
- ☐ JA?!?
- ☐ JAAAAA??!!!
- ☐ WAS????!!!!!!!!!!
- ☐ SO TUN, ALS HÄTTE ICH ES NICHT GEHÖRT

WAS MEINE KINDER LIEBEN, WAS ICH NIE ESSEN WÜRDE:

MEIN LETZTER NERVENZUSAMMENBRUCH WAR WEGEN:

SÄTZE, DIE ICH ALS MAMA NIE SAGEN WOLLTE (ABER JETZT TÄGLICH SAGE)

WIE OFT ICH AM TAG "IST ES NORMAL, DASS" GOOGLE:

0 1 2 3 4 5 6 7 8 9 oft!

SAUBERKEITSLEVEL MEINER WOHNUNG:

- ☐ natürlich top blitzblank
- ☐ einmal mit dem Fuß schieben = aufgeräumt
- ☐ sauber genug, dass niemand eine Tetanusimpfung braucht

MAMA REALITÄTSCHECK

SÄTZE, DIE ICH MEINEM KIND VIEL ZU OFT SAGE

DINGE, DIE ICH BESSER NICHT MEHR MACHE:

- ☐ Spielzeug aufräumen, solange das Kind wach ist
- ☐ Versuchen, mit meinem Kind logisch zu diskutieren
- ☐ Gemüse als Smoothies tarnen (es durchschaut es)
- ☐
- ☐

WAS ICH SAGE:	WAS MEIN KIND HÖRT:
☐ Fass das nicht an.	☐ Berühre es sofort. Mit beiden Händen. Und lass es fallen.
☐ Schlaf jetzt	☐ Erzähl mir deinen gesamten Tag mit allen Details und trink zwei Gläser Wasser
☐ Nicht streiten!	☐ Kämpft wie zwei WWE-Wrestler um ein kaputtes Spielzeug.
☐	☐

ÜBER DICH

MEIN SPITZNAME FÜR DICH

DEINE PEINLICHSTE KLAMOTTE:

WAS ICH AN DIR AM MEISTEN BEWUNDERE:

MEIN ULTIMATIVER ERZIEHUNGSTIPP FÜR DICH:

SO SEHR MAG ICH DICH

0 1 2 3 4 5 6 7 8 9 seeehr!

WAS ICH DIR SCHON IMMER MAL SAGEN WOLLTE:

ICH WÜNSCHE DIR...

FÜR DICH WÜRDE ICH:

ÜBER UNS

FREUNDINNEN SEIT:

☐ ODER "GEFÜHLT SCHON IMMER"

DAS MÜSSEN WIR UNBEDINGT ZUSAMMEN MACHEN:

SO HABEN WIR UNS KENNENGELERNT (DIE UNGESCHÖNTE VERSION)

UNSER PEINLICHSTES GEMEINSAMES ERLEBNIS:

DARÜBER LACHEN NUR WIR BEIDE:

UNSERE FREUNDSCHAFT IN PROZENT

(WEIN, DRAMA, KAFFEE & INSIDER-WITZE...)

BUCKET LIST FÜR UNS:

WENN WIR BEIDEN HEXEN WÄREN, WÜRDEN WIR:

MAMA BINGO

kalten Kaffee getrunken	"ich zähle bis drei"	etwas vergessen	Streit geschlichtet
Toast falsch geschnitten	Kinderlied im Kopf	In Ruhe geduscht	Auf Lego getreten
"gleich"	Elternabend überlebt	Kind als Ausrede benutzt	"Mamaaa!"
Alles klebt	Falsche Brotdose gegriffen	Pädagogisch wertlos!	Essensreste gegessen

MEINE ENERGIE

- ☐ OK
- ☐ NAJA
- ☐ MEH
- ☐ 0,00000

MEIN MAMA-MANTRA HEUTE:

NOTIZ AN MICH SELBST:

ÜBER MICH

NAME:

MEIN ALTER

MAMA SEIT: (JAHR)

MEIN SPIRIT ANIMAL HEUTE:

- ☐ FAULTIER
- ☐ VERHEULTER PANDA
- ☐ KOFFEINABHÄNGIGES EINHORN
- ☐ BRÜLLAFFE
- ☐

ANZAHL DER KINDER:

- ☐ 1
- ☐ 2
- ☐ 3
- ☐ 3+ (GOTT STEH MIR BEI)

WENN ICH EINE SUPERKRAFT HÄTTE, WÄRE DAS:

SO GERN WÜRDE ICH JETZT EIN NICKERCHEN MACHEN:

0 1 2 3 4 5 6 7 8 9 sehr!

DAS IST DAS PEINLICHSTE, WAS MIR JE PASSIERT IST:

ICH KÖNNTE NICHT OHNE:

MEIN AKTUELLES CHAOS-LEVEL

Ich hab's im Griff ⟹ "Ich google das lieber" ⟹ "Er hat WAS gemacht??!" ⟹ Ich lebe vom Mut der Verzweiflung

MAMA REALITÄTSCHECK

WOMIT ICH MEINE KINDER AM HÄUFIGSTEN BESTECHE:

DIE SCHLECHTESTE IDEE, DIE ICH ALS MAMA JE HATTE:

ETWAS, WAS ICH HEUTE eigentlich ERLEDIGEN WOLLTE (& NICHT ERLEDIGT HABE):

MEINE TYPISCHE REAKTION AUF "MAMAAAA!"

- ☐ JA SCHATZ?
- ☐ JA?!?
- ☐ JAAAAA??!!!
- ☐ WAS????!!!!!!!!!!
- ☐ SO TUN, ALS HÄTTE ICH ES NICHT GEHÖRT

WAS MEINE KINDER LIEBEN, WAS ICH NIE ESSEN WÜRDE:

MEIN LETZTER NERVENZUSAMMENBRUCH WAR WEGEN:

SÄTZE, DIE ICH ALS MAMA NIE SAGEN WOLLTE (ABER JETZT TÄGLICH SAGE)

WIE OFT ICH AM TAG "IST ES NORMAL,DASS" GOOGLE:

0 1 2 3 4 5 6 7 8 9 oft!

SAUBERKEITSLEVEL MEINER WOHNUNG:

- ☐ natürlich top blitzblank
- ☐ einmal mit dem Fuß schieben = aufgeräumt
- ☐ sauber genug, dass niemand eine Tetanusimpfung braucht

MAMA REALITÄTSCHECK

SÄTZE, DIE ICH MEINEM KIND VIEL ZU OFT SAGE

DINGE, DIE ICH BESSER NICHT MEHR MACHE:

- ☐ Spielzeug aufräumen, solange das Kind wach ist
- ☐ Versuchen, mit meinem Kind logisch zu diskutieren
- ☐ Gemüse als Smoothies tarnen (es durchschaut es)
- ☐
- ☐

WAS ICH SAGE:	WAS MEIN KIND HÖRT:
☐ Fass das nicht an.	☐ Berühre es sofort. Mit beiden Händen. Und lass es fallen.
☐ Schlaf jetzt	☐ Erzähl mir deinen gesamten Tag mit allen Details und trink zwei Gläser Wasser
☐ Nicht streiten!	☐ Kämpft wie zwei WWE-Wrestler um ein kaputtes Spielzeug.
☐	☐

ÜBER DICH

MEIN SPITZNAME FÜR DICH

DEINE PEINLICHSTE KLAMOTTE:

WAS ICH AN DIR AM MEISTEN BEWUNDERE:

MEIN ULTIMATIVER ERZIEHUNGSTIPP FÜR DICH:

SO SEHR MAG ICH DICH

0 1 2 3 4 5 6 7 8 9 seeehr!

WAS ICH DIR SCHON IMMER MAL SAGEN WOLLTE:

ICH WÜNSCHE DIR_

FÜR DICH WÜRDE ICH:

ÜBER UNS

FREUNDINNEN SEIT:

☐ ODER "GEFÜHLT SCHON IMMER"

DAS MÜSSEN WIR UNBEDINGT ZUSAMMEN MACHEN:

SO HABEN WIR UNS KENNENGELERNT (DIE UNGESCHÖNTE VERSION)

UNSER PEINLICHSTES GEMEINSAMES ERLEBNIS:

DARÜBER LACHEN NUR WIR BEIDE:

UNSERE FREUNDSCHAFT IN PROZENT

(WEIN, DRAMA, KAFFEE & INSIDER-WITZE...)

BUCKET LIST FÜR UNS:

WENN WIR BEIDEN HEXEN WÄREN, WÜRDEN WIR:

MAMA BINGO

kalten Kaffee getrunken	"ich zähle bis drei"	etwas vergessen	Streit geschlichtet
Toast falsch geschnitten	Kinderlied im Kopf	In Ruhe geduscht	Auf Lego getreten
"gleich"	Elternabend überlebt	Kind als Ausrede benutzt	"Mamaaa!"
Alles klebt	Falsche Brotdose gegriffen	Pädagogisch wertlos!	Essensreste gegessen

MEINE ENERGIE

- ☐ OK
- ☐ NAJA
- ☐ MEH
- ☐ 0,00000

MEIN MAMA-MANTRA HEUTE:

NOTIZ AN MICH SELBST:

ÜBER MICH

NAME:

MEIN ALTER

MAMA SEIT: (JAHR)

MEIN SPIRIT ANIMAL HEUTE:
- ☐ FAULTIER
- ☐ VERHEULTER PANDA
- ☐ KOFFEINABHÄNGIGES EINHORN
- ☐ BRÜLLAFFE
- ☐

ANZAHL DER KINDER:
- ☐ 1
- ☐ 2
- ☐ 3
- ☐ 3+ (GOTT STEH MIR BEI)

WENN ICH EINE SUPERKRAFT HÄTTE, WÄRE DAS:

SO GERN WÜRDE ICH JETZT EIN NICKERCHEN MACHEN:

0 1 2 3 4 5 6 7 8 9 sehr!

DAS IST DAS PEINLICHSTE, WAS MIR JE PASSIERT IST:

ICH KÖNNTE NICHT OHNE:

MEIN AKTUELLES CHAOS-LEVEL

Ich hab's im Griff ⟹ "Ich google das lieber" ⟹ "Er hat WAS gemacht??!" ⟹ Ich lebe vom Mut der Verzweiflung

MAMA REALITÄTSCHECK

WOMIT ICH MEINE KINDER AM HÄUFIGSTEN BESTECHE:

DIE SCHLECHTESTE IDEE, DIE ICH ALS MAMA JE HATTE:

ETWAS, WAS ICH HEUTE eigentlich ERLEDIGEN WOLLTE (& NICHT ERLEDIGT HABE):

MEINE TYPISCHE REAKTION AUF "MAMAAAA!"

- ☐ JA SCHATZ?
- ☐ JA?!?
- ☐ JAAAAA??!!!
- ☐ WAS????!!!!!!!!!!
- ☐ SO TUN, ALS HÄTTE ICH ES NICHT GEHÖRT

WAS MEINE KINDER LIEBEN, WAS ICH NIE ESSEN WÜRDE:

MEIN LETZTER NERVENZUSAMMENBRUCH WAR WEGEN:

SÄTZE, DIE ICH ALS MAMA NIE SAGEN WOLLTE (ABER JETZT TÄGLICH SAGE)

WIE OFT ICH AM TAG "IST ES NORMAL, DASS" GOOGLE:

0 1 2 3 4 5 6 7 8 9 oft!

SAUBERKEITSLEVEL MEINER WOHNUNG:

- ☐ natürlich top blitzblank
- ☐ einmal mit dem Fuß schieben = aufgeräumt
- ☐ sauber genug, dass niemand eine Tetanusimpfung braucht

MAMA REALITÄTSCHECK

SÄTZE, DIE ICH MEINEM KIND VIEL ZU OFT SAGE

DINGE, DIE ICH BESSER NICHT MEHR MACHE:

- ☐ Spielzeug aufräumen, solange das Kind wach ist
- ☐ Versuchen, mit meinem Kind logisch zu diskutieren
- ☐ Gemüse als Smoothies tarnen (es durchschaut es)
- ☐
- ☐

WAS ICH SAGE:	WAS MEIN KIND HÖRT:
☐ Fass das nicht an.	☐ Berühre es sofort. Mit beiden Händen. Und lass es fallen.
☐ Schlaf jetzt	☐ Erzähl mir deinen gesamten Tag mit allen Details und trink zwei Gläser Wasser
☐ Nicht streiten!	☐ Kämpft wie zwei WWE-Wrestler um ein kaputtes Spielzeug.
☐	☐

ÜBER DICH

MEIN SPITZNAME FÜR DICH

DEINE PEINLICHSTE KLAMOTTE:

WAS ICH AN DIR AM MEISTEN BEWUNDERE:

MEIN ULTIMATIVER ERZIEHUNGSTIPP FÜR DICH:

SO SEHR MAG ICH DICH

0 1 2 3 4 5 6 7 8 9 seeehr!

WAS ICH DIR SCHON IMMER MAL SAGEN WOLLTE:

ICH WÜNSCHE DIR_

FÜR DICH WÜRDE ICH:

ÜBER UNS

FREUNDINNEN SEIT:

☐ ODER "GEFÜHLT SCHON IMMER"

DAS MÜSSEN WIR UNBEDINGT ZUSAMMEN MACHEN:

SO HABEN WIR UNS KENNENGELERNT (DIE UNGESCHÖNTE VERSION)

UNSER PEINLICHSTES GEMEINSAMES ERLEBNIS:

DARÜBER LACHEN NUR WIR BEIDE:

UNSERE FREUNDSCHAFT IN PROZENT

(WEIN, DRAMA, KAFFEE & INSIDER-WITZE...)

BUCKET LIST FÜR UNS:

WENN WIR BEIDEN HEXEN WÄREN, WÜRDEN WIR:

MAMA BINGO

kalten Kaffee getrunken	"ich zähle bis drei"	etwas vergessen	Streit geschlichtet
Toast falsch geschnitten	Kinderlied im Kopf	In Ruhe geduscht	Auf Lego getreten
"gleich"	Elternabend überlebt	Kind als Ausrede benutzt	"Mamaaa!"
Alles klebt	Falsche Brotdose gegriffen	Pädagogisch wertlos!	Essensreste gegessen

MEINE ENERGIE

- ☐ OK
- ☐ NAJA
- ☐ MEH
- ☐ 0,00000

MEIN MAMA-MANTRA HEUTE:

NOTIZ AN MICH SELBST:

ÜBER MICH

NAME:

MEIN ALTER

MAMA SEIT: (JAHR)

MEIN SPIRIT ANIMAL HEUTE:

- ☐ FAULTIER
- ☐ VERHEULTER PANDA
- ☐ KOFFEINABHÄNGIGES EINHORN
- ☐ BRÜLLAFFE
- ☐

ANZAHL DER KINDER:

- ☐ 1
- ☐ 2
- ☐ 3
- ☐ 3+ (GOTT STEH MIR BEI)

WENN ICH EINE SUPERKRAFT HÄTTE, WÄRE DAS:

SO GERN WÜRDE ICH JETZT EIN NICKERCHEN MACHEN:

0 1 2 3 4 5 6 7 8 9 sehr!

DAS IST DAS PEINLICHSTE, WAS MIR JE PASSIERT IST:

ICH KÖNNTE NICHT OHNE:

MEIN AKTUELLES CHAOS-LEVEL

Ich hab's im Griff → "Ich google das lieber" → "Er hat WAS gemacht??!" → Ich lebe vom Mut der Verzweiflung

MAMA REALITÄTSCHECK

WOMIT ICH MEINE KINDER AM HÄUFIGSTEN BESTECHE:

DIE SCHLECHTESTE IDEE, DIE ICH ALS MAMA JE HATTE:

ETWAS, WAS ICH HEUTE eigentlich ERLEDIGEN WOLLTE (& NICHT ERLEDIGT HABE):

MEINE TYPISCHE REAKTION AUF "MAMAAAA!"

- ☐ JA SCHATZ?
- ☐ JA?!?
- ☐ JAAAAA??!!!
- ☐ WAS????!!!!!!!!!!
- ☐ SO TUN, ALS HÄTTE ICH ES NICHT GEHÖRT

WAS MEINE KINDER LIEBEN, WAS ICH NIE ESSEN WÜRDE:

MEIN LETZTER NERVENZUSAMMENBRUCH WAR WEGEN:

SÄTZE, DIE ICH ALS MAMA NIE SAGEN WOLLTE (ABER JETZT TÄGLICH SAGE)

WIE OFT ICH AM TAG "IST ES NORMAL,DASS" GOOGLE:

0 1 2 3 4 5 6 7 8 9 oft!

SAUBERKEITSLEVEL MEINER WOHNUNG:

- ☐ natürlich top blitzblank
- ☐ einmal mit dem Fuß schieben = aufgeräumt
- ☐ sauber genug, dass niemand eine Tetanusimpfung braucht

MAMA REALITÄTSCHECK

SÄTZE, DIE ICH MEINEM KIND VIEL ZU OFT SAGE

DINGE, DIE ICH BESSER NICHT MEHR MACHE:

- ☐ Spielzeug aufräumen, solange das Kind wach ist
- ☐ Versuchen, mit meinem Kind logisch zu diskutieren
- ☐ Gemüse als Smoothies tarnen (es durchschaut es)
- ☐
- ☐

WAS ICH SAGE:	WAS MEIN KIND HÖRT:
☐ Fass das nicht an.	☐ Berühre es sofort. Mit beiden Händen. Und lass es fallen.
☐ Schlaf jetzt	☐ Erzähl mir deinen gesamten Tag mit allen Details und trink zwei Gläser Wasser
☐ Nicht streiten!	☐ Kämpft wie zwei WWE-Wrestler um ein kaputtes Spielzeug.
☐	☐

ÜBER DICH

MEIN SPITZNAME FÜR DICH

DEINE PEINLICHSTE KLAMOTTE:

WAS ICH AN DIR AM MEISTEN BEWUNDERE:

MEIN ULTIMATIVER ERZIEHUNGSTIPP FÜR DICH:

SO SEHR MAG ICH DICH

0 1 2 3 4 5 6 7 8 9 seeehr!

WAS ICH DIR SCHON IMMER MAL SAGEN WOLLTE:

ICH WÜNSCHE DIR_

FÜR DICH WÜRDE ICH:

ÜBER UNS

FREUNDINNEN SEIT:

☐ ODER "GEFÜHLT SCHON IMMER"

DAS MÜSSEN WIR UNBEDINGT ZUSAMMEN MACHEN:

SO HABEN WIR UNS KENNENGELERNT
(DIE UNGESCHÖNTE VERSION)

UNSER PEINLICHSTES GEMEINSAMES ERLEBNIS:

DARÜBER LACHEN NUR WIR BEIDE:

UNSERE FREUNDSCHAFT IN PROZENT
(WEIN, DRAMA, KAFFEE & INSIDER-WITZE...)

BUCKET LIST FÜR UNS:

WENN WIR BEIDEN HEXEN WÄREN, WÜRDEN WIR:

MAMA BINGO

kalten Kaffee getrunken	"ich zähle bis drei"	etwas vergessen	Streit geschlichtet
Toast falsch geschnitten	Kinderlied im Kopf	In Ruhe geduscht	Auf Lego getreten
"gleich"	Elternabend überlebt	Kind als Ausrede benutzt	"Mamaaa!"
Alles klebt	Falsche Brotdose gegriffen	Pädagogisch wertlos!	Essensreste gegessen

MEINE ENERGIE

- ☐ OK
- ☐ NAJA
- ☐ MEH
- ☐ 0,00000

MEIN MAMA-MANTRA HEUTE:

NOTIZ AN MICH SELBST:

ÜBER MICH

NAME:

MEIN ALTER

MAMA SEIT: (JAHR)

MEIN SPIRIT ANIMAL HEUTE:

- ☐ FAULTIER
- ☐ VERHEULTER PANDA
- ☐ KOFFEINABHÄNGIGES EINHORN
- ☐ BRÜLLAFFE
- ☐

ANZAHL DER KINDER:

- ☐ 1
- ☐ 2
- ☐ 3
- ☐ 3+ (GOTT STEH MIR BEI)

WENN ICH EINE SUPERKRAFT HÄTTE, WÄRE DAS:

SO GERN WÜRDE ICH JETZT EIN NICKERCHEN MACHEN:

0 1 2 3 4 5 6 7 8 9 sehr!

DAS IST DAS PEINLICHSTE, WAS MIR JE PASSIERT IST:

ICH KÖNNTE NICHT OHNE:

MEIN AKTUELLES CHAOS-LEVEL

Ich hab's im Griff ⟹ "Ich google das lieber" ⟹ "Er hat WAS gemacht??!" ⟹ Ich lebe vom Mut der Verzweiflung

MAMA REALITÄTSCHECK

WOMIT ICH MEINE KINDER AM HÄUFIGSTEN BESTECHE:

DIE SCHLECHTESTE IDEE, DIE ICH ALS MAMA JE HATTE:

ETWAS, WAS ICH HEUTE eigentlich ERLEDIGEN WOLLTE (& NICHT ERLEDIGT HABE):

MEINE TYPISCHE REAKTION AUF "MAMAAAA!"

- ☐ JA SCHATZ?
- ☐ JA?!?
- ☐ JAAAAA??!!!
- ☐ WAS????!!!!!!!!!!
- ☐ SO TUN, ALS HÄTTE ICH ES NICHT GEHÖRT

WAS MEINE KINDER LIEBEN, WAS ICH NIE ESSEN WÜRDE:

MEIN LETZTER NERVENZUSAMMENBRUCH WAR WEGEN:

SÄTZE, DIE ICH ALS MAMA NIE SAGEN WOLLTE (ABER JETZT TÄGLICH SAGE)

WIE OFT ICH AM TAG "IST ES NORMAL,DASS" GOOGLE:

0 1 2 3 4 5 6 7 8 9 oft!

SAUBERKEITSLEVEL MEINER WOHNUNG:

- ☐ natürlich top blitzblank
- ☐ einmal mit dem Fuß schieben = aufgeräumt
- ☐ sauber genug, dass niemand eine Tetanusimpfung braucht

MAMA REALITÄTSCHECK

SÄTZE, DIE ICH MEINEM KIND VIEL ZU OFT SAGE

DINGE, DIE ICH BESSER NICHT MEHR MACHE:

- ☐ Spielzeug aufräumen, solange das Kind wach ist
- ☐ Versuchen, mit meinem Kind logisch zu diskutieren
- ☐ Gemüse als Smoothies tarnen (es durchschaut es)
- ☐
- ☐

WAS ICH SAGE:	WAS MEIN KIND HÖRT:
☐ Fass das nicht an.	☐ Berühre es sofort. Mit beiden Händen. Und lass es fallen.
☐ Schlaf jetzt	☐ Erzähl mir deinen gesamten Tag mit allen Details und trink zwei Gläser Wasser
☐ Nicht streiten!	☐ Kämpft wie zwei WWE-Wrestler um ein kaputtes Spielzeug.
☐	☐

ÜBER DICH

MEIN SPITZNAME FÜR DICH

DEINE PEINLICHSTE KLAMOTTE:

WAS ICH AN DIR AM MEISTEN BEWUNDERE:

MEIN ULTIMATIVER ERZIEHUNGSTIPP FÜR DICH:

SO SEHR MAG ICH DICH

0 1 2 3 4 5 6 7 8 9 seeehr!

WAS ICH DIR SCHON IMMER MAL SAGEN WOLLTE:

ICH WÜNSCHE DIR_

FÜR DICH WÜRDE ICH:

ÜBER UNS

FREUNDINNEN SEIT:

☐ ODER "GEFÜHLT SCHON IMMER"

DAS MÜSSEN WIR UNBEDINGT ZUSAMMEN MACHEN:

SO HABEN WIR UNS KENNENGELERNT (DIE UNGESCHÖNTE VERSION)

UNSER PEINLICHSTES GEMEINSAMES ERLEBNIS:

DARÜBER LACHEN NUR WIR BEIDE:

UNSERE FREUNDSCHAFT IN PROZENT

(WEIN, DRAMA, KAFFEE & INSIDER-WITZE...)

BUCKET LIST FÜR UNS:

WENN WIR BEIDEN HEXEN WÄREN, WÜRDEN WIR:

MAMA BINGO

kalten Kaffee getrunken	"ich zähle bis drei"	etwas vergessen	Streit geschlichtet
Toast falsch geschnitten	Kinderlied im Kopf	In Ruhe geduscht	Auf Lego getreten
"gleich"	Elternabend überlebt	Kind als Ausrede benutzt	"Mamaaa!"
Alles klebt	Falsche Brotdose gegriffen	Pädagogisch wertlos!	Essensreste gegessen

MEINE ENERGIE

- ☐ OK
- ☐ NAJA
- ☐ MEH
- ☐ 0,00000

MEIN MAMA-MANTRA HEUTE:

NOTIZ AN MICH SELBST:

ÜBER MICH

NAME:

MEIN ALTER

MAMA SEIT: (JAHR)

MEIN SPIRIT ANIMAL HEUTE:
- ☐ FAULTIER
- ☐ VERHEULTER PANDA
- ☐ KOFFEINABHÄNGIGES EINHORN
- ☐ BRÜLLAFFE
- ☐

ANZAHL DER KINDER:
- ☐ 1
- ☐ 2
- ☐ 3
- ☐ 3+ (GOTT STEH MIR BEI)

WENN ICH EINE SUPERKRAFT HÄTTE, WÄRE DAS:

SO GERN WÜRDE ICH JETZT EIN NICKERCHEN MACHEN:

0 1 2 3 4 5 6 7 8 9 sehr!

DAS IST DAS PEINLICHSTE, WAS MIR JE PASSIERT IST:

ICH KÖNNTE NICHT OHNE:

MEIN AKTUELLES CHAOS-LEVEL

Ich hab's im Griff ⟹ "Ich google das lieber" ⟹ "Er hat WAS gemacht??!" ⟹ Ich lebe vom Mut der Verzweiflung

MAMA REALITÄTSCHECK

WOMIT ICH MEINE KINDER AM HÄUFIGSTEN BESTECHE:

DIE SCHLECHTESTE IDEE, DIE ICH ALS MAMA JE HATTE:

ETWAS, WAS ICH HEUTE eigentlich ERLEDIGEN WOLLTE (& NICHT ERLEDIGT HABE):

MEINE TYPISCHE REAKTION AUF "MAMAAAA!"

- ☐ JA SCHATZ?
- ☐ JA?!?
- ☐ JAAAAA??!!!
- ☐ WAS????!!!!!!!!!!
- ☐ SO TUN, ALS HÄTTE ICH ES NICHT GEHÖRT

WAS MEINE KINDER LIEBEN, WAS ICH NIE ESSEN WÜRDE:

MEIN LETZTER NERVENZUSAMMENBRUCH WAR WEGEN:

SÄTZE, DIE ICH ALS MAMA NIE SAGEN WOLLTE (ABER JETZT TÄGLICH SAGE)

WIE OFT ICH AM TAG "IST ES NORMAL, DASS" GOOGLE:

0 1 2 3 4 5 6 7 8 9 oft!

SAUBERKEITSLEVEL MEINER WOHNUNG:

- ☐ natürlich top blitzblank
- ☐ einmal mit dem Fuß schieben = aufgeräumt
- ☐ sauber genug, dass niemand eine Tetanusimpfung braucht

MAMA REALITÄTSCHECK

SÄTZE, DIE ICH MEINEM KIND VIEL ZU OFT SAGE

DINGE, DIE ICH BESSER NICHT MEHR MACHE:

- ☐ Spielzeug aufräumen, solange das Kind wach ist
- ☐ Versuchen, mit meinem Kind logisch zu diskutieren
- ☐ Gemüse als Smoothies tarnen (es durchschaut es)
- ☐
- ☐

WAS ICH SAGE:	WAS MEIN KIND HÖRT:
☐ Fass das nicht an.	☐ Berühre es sofort. Mit beiden Händen. Und lass es fallen.
☐ Schlaf jetzt	☐ Erzähl mir deinen gesamten Tag mit allen Details und trink zwei Gläser Wasser
☐ Nicht streiten!	☐ Kämpft wie zwei WWE-Wrestler um ein kaputtes Spielzeug.
☐	☐

ÜBER DICH

MEIN SPITZNAME FÜR DICH

DEINE PEINLICHSTE KLAMOTTE:

WAS ICH AN DIR AM MEISTEN BEWUNDERE:

MEIN ULTIMATIVER ERZIEHUNGSTIPP FÜR DICH:

SO SEHR MAG ICH DICH

0 1 2 3 4 5 6 7 8 9 seeehr!

WAS ICH DIR SCHON IMMER MAL SAGEN WOLLTE:

ICH WÜNSCHE DIR_

FÜR DICH WÜRDE ICH:

ÜBER UNS

FREUNDINNEN SEIT:

☐ ODER "GEFÜHLT SCHON IMMER"

DAS MÜSSEN WIR UNBEDINGT ZUSAMMEN MACHEN:

SO HABEN WIR UNS KENNENGELERNT (DIE UNGESCHÖNTE VERSION)

UNSER PEINLICHSTES GEMEINSAMES ERLEBNIS:

DARÜBER LACHEN NUR WIR BEIDE:

UNSERE FREUNDSCHAFT IN PROZENT

(WEIN, DRAMA, KAFFEE & INSIDER-WITZE...)

BUCKET LIST FÜR UNS:

WENN WIR BEIDEN HEXEN WÄREN, WÜRDEN WIR:

MAMA BINGO

kalten Kaffee getrunken	"ich zähle bis drei"	etwas vergessen	Streit geschlichtet
Toast falsch geschnitten	Kinderlied im Kopf	In Ruhe geduscht	Auf Lego getreten
"gleich"	Elternabend überlebt	Kind als Ausrede benutzt	"Mamaaa!"
Alles klebt	Falsche Brotdose gegriffen	Pädagogisch wertlos!	Essensreste gegessen

MEINE ENERGIE

- ☐ OK
- ☐ NAJA
- ☐ MEH
- ☐ 0,00000

MEIN MAMA-MANTRA HEUTE:

NOTIZ AN MICH SELBST:

ÜBER MICH

NAME:

MEIN ALTER

MAMA SEIT: (JAHR)

MEIN SPIRIT ANIMAL HEUTE:
- ☐ FAULTIER
- ☐ VERHEULTER PANDA
- ☐ KOFFEINABHÄNGIGES EINHORN
- ☐ BRÜLLAFFE
- ☐

ANZAHL DER KINDER:
- ☐ 1
- ☐ 2
- ☐ 3
- ☐ 3+ (GOTT STEH MIR BEI)

WENN ICH EINE SUPERKRAFT HÄTTE, WÄRE DAS:

SO GERN WÜRDE ICH JETZT EIN NICKERCHEN MACHEN:

0 1 2 3 4 5 6 7 8 9 sehr!

DAS IST DAS PEINLICHSTE, WAS MIR JE PASSIERT IST:

ICH KÖNNTE NICHT OHNE:

MEIN AKTUELLES CHAOS-LEVEL

Ich hab's im Griff ⟹ "Ich google das lieber" ⟹ "Er hat WAS gemacht??!" ⟹ Ich lebe vom Mut der Verzweiflung

MAMA REALITÄTSCHECK

WOMIT ICH MEINE KINDER AM HÄUFIGSTEN BESTECHE:

DIE SCHLECHTESTE IDEE, DIE ICH ALS MAMA JE HATTE:

ETWAS, WAS ICH HEUTE eigentlich ERLEDIGEN WOLLTE (& NICHT ERLEDIGT HABE):

MEINE TYPISCHE REAKTION AUF "MAMAAAA!"

- ☐ JA SCHATZ?
- ☐ JA?!?
- ☐ JAAAAA??!!!
- ☐ WAS????!!!!!!!!!!
- ☐ SO TUN, ALS HÄTTE ICH ES NICHT GEHÖRT

WAS MEINE KINDER LIEBEN, WAS ICH NIE ESSEN WÜRDE:

MEIN LETZTER NERVENZUSAMMENBRUCH WAR WEGEN:

SÄTZE, DIE ICH ALS MAMA NIE SAGEN WOLLTE (ABER JETZT TÄGLICH SAGE)

WIE OFT ICH AM TAG "IST ES NORMAL,DASS" GOOGLE:

0 1 2 3 4 5 6 7 8 9 oft!

SAUBERKEITSLEVEL MEINER WOHNUNG:

- ☐ natürlich top blitzblank
- ☐ einmal mit dem Fuß schieben = aufgeräumt
- ☐ sauber genug, dass niemand eine Tetanusimpfung braucht

MAMA REALITÄTSCHECK

SÄTZE, DIE ICH MEINEM KIND VIEL ZU OFT SAGE

DINGE, DIE ICH BESSER NICHT MEHR MACHE:

- ☐ Spielzeug aufräumen, solange das Kind wach ist
- ☐ Versuchen, mit meinem Kind logisch zu diskutieren
- ☐ Gemüse als Smoothies tarnen (es durchschaut es)
- ☐
- ☐

WAS ICH SAGE:	WAS MEIN KIND HÖRT:
☐ Fass das nicht an.	☐ Berühre es sofort. Mit beiden Händen. Und lass es fallen.
☐ Schlaf jetzt	☐ Erzähl mir deinen gesamten Tag mit allen Details und trink zwei Gläser Wasser
☐ Nicht streiten!	☐ Kämpft wie zwei WWE-Wrestler um ein kaputtes Spielzeug.
☐	☐

ÜBER DICH

MEIN SPITZNAME FÜR DICH

DEINE PEINLICHSTE KLAMOTTE:

WAS ICH AN DIR AM MEISTEN BEWUNDERE:

MEIN ULTIMATIVER ERZIEHUNGSTIPP FÜR DICH:

SO SEHR MAG ICH DICH

0 1 2 3 4 5 6 7 8 9 seeehr!

WAS ICH DIR SCHON IMMER MAL SAGEN WOLLTE:

ICH WÜNSCHE DIR_

FÜR DICH WÜRDE ICH:

ÜBER UNS

FREUNDINNEN SEIT:

☐ ODER "GEFÜHLT SCHON IMMER"

DAS MÜSSEN WIR UNBEDINGT ZUSAMMEN MACHEN:

SO HABEN WIR UNS KENNENGELERNT (DIE UNGESCHÖNTE VERSION)

UNSER PEINLICHSTES GEMEINSAMES ERLEBNIS:

DARÜBER LACHEN NUR WIR BEIDE:

UNSERE FREUNDSCHAFT IN PROZENT

(WEIN, DRAMA, KAFFEE & INSIDER-WITZE...)

BUCKET LIST FÜR UNS:

WENN WIR BEIDEN HEXEN WÄREN, WÜRDEN WIR:

MAMA BINGO

kalten Kaffee getrunken	"ich zähle bis drei"	etwas vergessen	Streit geschlichtet
Toast falsch geschnitten	Kinderlied im Kopf	In Ruhe geduscht	Auf Lego getreten
"gleich"	Elternabend überlebt	Kind als Ausrede benutzt	"Mamaaa!"
Alles klebt	Falsche Brotdose gegriffen	Pädagogisch wertlos!	Essensreste gegessen

MEINE ENERGIE

- ☐ OK
- ☐ NAJA
- ☐ MEH
- ☐ 0,00000

MEIN MAMA-MANTRA HEUTE:

NOTIZ AN MICH SELBST:

ÜBER MICH

NAME:

MEIN ALTER

MAMA SEIT: (JAHR)

MEIN SPIRIT ANIMAL HEUTE:
- ☐ FAULTIER
- ☐ VERHEULTER PANDA
- ☐ KOFFEINABHÄNGIGES EINHORN
- ☐ BRÜLLAFFE
- ☐

ANZAHL DER KINDER:
- ☐ 1
- ☐ 2
- ☐ 3
- ☐ 3+ (GOTT STEH MIR BEI)

WENN ICH EINE SUPERKRAFT HÄTTE, WÄRE DAS:

SO GERN WÜRDE ICH JETZT EIN NICKERCHEN MACHEN:

0 1 2 3 4 5 6 7 8 9 sehr!

DAS IST DAS PEINLICHSTE, WAS MIR JE PASSIERT IST:

ICH KÖNNTE NICHT OHNE:

MEIN AKTUELLES CHAOS-LEVEL

Ich hab's im Griff ⟹ "Ich google das lieber" ⟹ "Er hat WAS gemacht??!" ⟹ Ich lebe vom Mut der Verzweiflung

MAMA REALITÄTSCHECK

WOMIT ICH MEINE KINDER AM HÄUFIGSTEN BESTECHE:

DIE SCHLECHTESTE IDEE, DIE ICH ALS MAMA JE HATTE:

ETWAS, WAS ICH HEUTE eigentlich ERLEDIGEN WOLLTE (& NICHT ERLEDIGT HABE):

MEINE TYPISCHE REAKTION AUF "MAMAAAA!"

- ☐ JA SCHATZ?
- ☐ JA?!?
- ☐ JAAAAA??!!!
- ☐ WAS????!!!!!!!!!!
- ☐ SO TUN, ALS HÄTTE ICH ES NICHT GEHÖRT

WAS MEINE KINDER LIEBEN, WAS ICH NIE ESSEN WÜRDE:

MEIN LETZTER NERVENZUSAMMENBRUCH WAR WEGEN:

SÄTZE, DIE ICH ALS MAMA NIE SAGEN WOLLTE (ABER JETZT TÄGLICH SAGE)

WIE OFT ICH AM TAG "IST ES NORMAL, DASS" GOOGLE:

0 1 2 3 4 5 6 7 8 9 oft!

SAUBERKEITSLEVEL MEINER WOHNUNG:

- ☐ natürlich top blitzblank
- ☐ einmal mit dem Fuß schieben = aufgeräumt
- ☐ sauber genug, dass niemand eine Tetanusimpfung braucht

MAMA REALITÄTSCHECK

SÄTZE, DIE ICH MEINEM KIND VIEL ZU OFT SAGE

DINGE, DIE ICH BESSER NICHT MEHR MACHE:

- ☐ Spielzeug aufräumen, solange das Kind wach ist
- ☐ Versuchen, mit meinem Kind logisch zu diskutieren
- ☐ Gemüse als Smoothies tarnen (es durchschaut es)
- ☐
- ☐

WAS ICH SAGE:	WAS MEIN KIND HÖRT:
☐ Fass das nicht an.	☐ Berühre es sofort. Mit beiden Händen. Und lass es fallen.
☐ Schlaf jetzt	☐ Erzähl mir deinen gesamten Tag mit allen Details und trink zwei Gläser Wasser
☐ Nicht streiten!	☐ Kämpft wie zwei WWE-Wrestler um ein kaputtes Spielzeug.
☐	☐

ÜBER DICH

MEIN SPITZNAME FÜR DICH

DEINE PEINLICHSTE KLAMOTTE:

WAS ICH AN DIR AM MEISTEN BEWUNDERE:

MEIN ULTIMATIVER ERZIEHUNGSTIPP FÜR DICH:

SO SEHR MAG ICH DICH

0 1 2 3 4 5 6 7 8 9 seeehr!

WAS ICH DIR SCHON IMMER MAL SAGEN WOLLTE:

ICH WÜNSCHE DIR_

FÜR DICH WÜRDE ICH:

ÜBER UNS

FREUNDINNEN SEIT:

☐ ODER "GEFÜHLT SCHON IMMER"

DAS MÜSSEN WIR UNBEDINGT ZUSAMMEN MACHEN:

SO HABEN WIR UNS KENNENGELERNT
(DIE UNGESCHÖNTE VERSION)

UNSER PEINLICHSTES GEMEINSAMES ERLEBNIS:

DARÜBER LACHEN NUR WIR BEIDE:

UNSERE FREUNDSCHAFT IN PROZENT

(WEIN, DRAMA, KAFFEE & INSIDER-WITZE...)

BUCKET LIST FÜR UNS:

WENN WIR BEIDEN HEXEN WÄREN, WÜRDEN WIR:

MAMA BINGO

kalten Kaffee getrunken	"ich zähle bis drei"	etwas vergessen	Streit geschlichtet
Toast falsch geschnitten	Kinderlied im Kopf	In Ruhe geduscht	Auf Lego getreten
"gleich"	Elternabend überlebt	Kind als Ausrede benutzt	"Mamaaa!"
Alles klebt	Falsche Brotdose gegriffen	Pädagogisch wertlos!	Essensreste gegessen

MEINE ENERGIE

- ☐ OK
- ☐ NAJA
- ☐ MEH
- ☐ 0,00000

MEIN MAMA-MANTRA HEUTE:

NOTIZ AN MICH SELBST:

ÜBER MICH

NAME:

MEIN ALTER

MAMA SEIT: (JAHR)

MEIN SPIRIT ANIMAL HEUTE:
- ☐ FAULTIER
- ☐ VERHEULTER PANDA
- ☐ KOFFEINABHÄNGIGES EINHORN
- ☐ BRÜLLAFFE
- ☐

ANZAHL DER KINDER:
- ☐ 1
- ☐ 2
- ☐ 3
- ☐ 3+ (GOTT STEH MIR BEI)

WENN ICH EINE SUPERKRAFT HÄTTE, WÄRE DAS:

SO GERN WÜRDE ICH JETZT EIN NICKERCHEN MACHEN:

0 1 2 3 4 5 6 7 8 9 sehr!

DAS IST DAS PEINLICHSTE, WAS MIR JE PASSIERT IST:

ICH KÖNNTE NICHT OHNE:

MEIN AKTUELLES CHAOS-LEVEL

Ich hab's im Griff ⇒ "Ich google das lieber" ⇒ "Er hat WAS gemacht??!" ⇒ Ich lebe vom Mut der Verzweiflung

MAMA REALITÄTSCHECK

WOMIT ICH MEINE KINDER AM HÄUFIGSTEN BESTECHE:

DIE SCHLECHTESTE IDEE, DIE ICH ALS MAMA JE HATTE:

ETWAS, WAS ICH HEUTE eigentlich ERLEDIGEN WOLLTE (& NICHT ERLEDIGT HABE):

MEINE TYPISCHE REAKTION AUF "MAMAAAA!"

- ☐ JA SCHATZ?
- ☐ JA?!?
- ☐ JAAAAA??!!!
- ☐ WAS????!!!!!!!!!!
- ☐ SO TUN, ALS HÄTTE ICH ES NICHT GEHÖRT

WAS MEINE KINDER LIEBEN, WAS ICH NIE ESSEN WÜRDE:

MEIN LETZTER NERVENZUSAMMENBRUCH WAR WEGEN:

SÄTZE, DIE ICH ALS MAMA NIE SAGEN WOLLTE (ABER JETZT TÄGLICH SAGE)

WIE OFT ICH AM TAG "IST ES NORMAL, DASS" GOOGLE:

0 1 2 3 4 5 6 7 8 9 oft!

SAUBERKEITSLEVEL MEINER WOHNUNG:

- ☐ natürlich top blitzblank
- ☐ einmal mit dem Fuß schieben = aufgeräumt
- ☐ sauber genug, dass niemand eine Tetanusimpfung braucht

MAMA REALITÄTSCHECK

SÄTZE, DIE ICH MEINEM KIND VIEL ZU OFT SAGE

DINGE, DIE ICH BESSER NICHT MEHR MACHE:

- ☐ Spielzeug aufräumen, solange das Kind wach ist
- ☐ Versuchen, mit meinem Kind logisch zu diskutieren
- ☐ Gemüse als Smoothies tarnen (es durchschaut es)
- ☐
- ☐

WAS ICH SAGE:	WAS MEIN KIND HÖRT:
☐ Fass das nicht an.	☐ Berühre es sofort. Mit beiden Händen. Und lass es fallen.
☐ Schlaf jetzt	☐ Erzähl mir deinen gesamten Tag mit allen Details und trink zwei Gläser Wasser
☐ Nicht streiten!	☐ Kämpft wie zwei WWE-Wrestler um ein kaputtes Spielzeug.
☐	☐

ÜBER DICH

MEIN SPITZNAME FÜR DICH

DEINE PEINLICHSTE KLAMOTTE:

WAS ICH AN DIR AM MEISTEN BEWUNDERE:

MEIN ULTIMATIVER ERZIEHUNGSTIPP FÜR DICH:

SO SEHR MAG ICH DICH

0 1 2 3 4 5 6 7 8 9 seeehr!

WAS ICH DIR SCHON IMMER MAL SAGEN WOLLTE:

ICH WÜNSCHE DIR_

FÜR DICH WÜRDE ICH:

ÜBER UNS

FREUNDINNEN SEIT:

☐ ODER "GEFÜHLT SCHON IMMER"

DAS MÜSSEN WIR UNBEDINGT ZUSAMMEN MACHEN:

SO HABEN WIR UNS KENNENGELERNT
(DIE UNGESCHÖNTE VERSION)

UNSER PEINLICHSTES
GEMEINSAMES ERLEBNIS:

DARÜBER LACHEN NUR WIR BEIDE:

UNSERE FREUNDSCHAFT IN PROZENT
(WEIN, DRAMA, KAFFEE & INSIDER-WITZE...)

BUCKET LIST
FÜR UNS:

WENN WIR BEIDEN HEXEN WÄREN, WÜRDEN WIR:

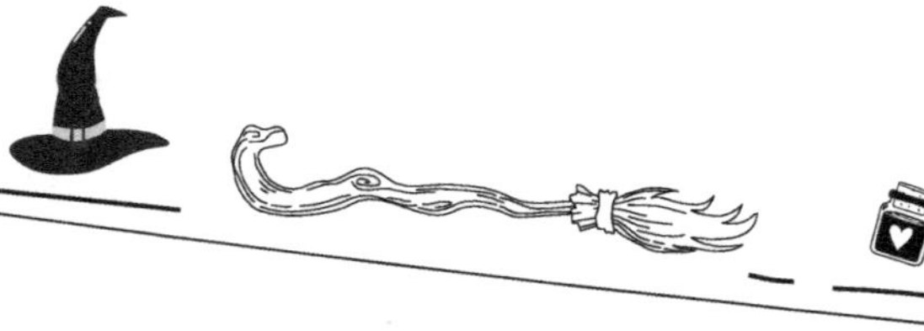

MAMA BINGO

kalten Kaffee getrunken	"ich zähle bis drei"	etwas vergessen	Streit geschlichtet
Toast falsch geschnitten	Kinderlied im Kopf	In Ruhe geduscht	Auf Lego getreten
"gleich"	Elternabend überlebt	Kind als Ausrede benutzt	"Mamaaa!"
Alles klebt	Falsche Brotdose gegriffen	Pädagogisch wertlos!	Essensreste gegessen

MEINE ENERGIE

- ☐ OK
- ☐ NAJA
- ☐ MEH
- ☐ 0,00000

MEIN MAMA-MANTRA HEUTE:

NOTIZ AN MICH SELBST:

ÜBER MICH

NAME:

MEIN ALTER

MAMA SEIT: (JAHR)

MEIN SPIRIT ANIMAL HEUTE:

- ☐ FAULTIER
- ☐ VERHEULTER PANDA
- ☐ KOFFEINABHÄNGIGES EINHORN
- ☐ BRÜLLAFFE
- ☐

ANZAHL DER KINDER:

- ☐ 1
- ☐ 2
- ☐ 3
- ☐ 3+ (GOTT STEH MIR BEI)

WENN ICH EINE SUPERKRAFT HÄTTE, WÄRE DAS:

SO GERN WÜRDE ICH JETZT EIN NICKERCHEN MACHEN:

0 1 2 3 4 5 6 7 8 9 sehr!

DAS IST DAS PEINLICHSTE, WAS MIR JE PASSIERT IST:

ICH KÖNNTE NICHT OHNE:

MEIN AKTUELLES CHAOS-LEVEL

Ich hab's im Griff ⟹ "Ich google das lieber" ⟹ "Er hat WAS gemacht??!" ⟹ Ich lebe vom Mut der Verzweiflung

MAMA REALITÄTSCHECK

WOMIT ICH MEINE KINDER AM HÄUFIGSTEN BESTECHE:

DIE SCHLECHTESTE IDEE, DIE ICH ALS MAMA JE HATTE:

ETWAS, WAS ICH HEUTE eigentlich ERLEDIGEN WOLLTE (& NICHT ERLEDIGT HABE):

MEINE TYPISCHE REAKTION AUF "MAMAAAA!"

- ☐ JA SCHATZ?
- ☐ JA?!?
- ☐ JAAAAA??!!!
- ☐ WAS????!!!!!!!!!!
- ☐ SO TUN, ALS HÄTTE ICH ES NICHT GEHÖRT

WAS MEINE KINDER LIEBEN, WAS ICH NIE ESSEN WÜRDE:

MEIN LETZTER NERVENZUSAMMENBRUCH WAR WEGEN:

SÄTZE, DIE ICH ALS MAMA NIE SAGEN WOLLTE (ABER JETZT TÄGLICH SAGE)

WIE OFT ICH AM TAG "IST ES NORMAL, DASS" GOOGLE:

0 1 2 3 4 5 6 7 8 9 oft!

SAUBERKEITSLEVEL MEINER WOHNUNG:

- ☐ natürlich top blitzblank
- ☐ einmal mit dem Fuß schieben = aufgeräumt
- ☐ sauber genug, dass niemand eine Tetanusimpfung braucht

MAMA REALITÄTSCHECK

SÄTZE, DIE ICH MEINEM KIND VIEL ZU OFT SAGE

DINGE, DIE ICH BESSER NICHT MEHR MACHE:

- ☐ Spielzeug aufräumen, solange das Kind wach ist
- ☐ Versuchen, mit meinem Kind logisch zu diskutieren
- ☐ Gemüse als Smoothies tarnen (es durchschaut es)
- ☐
- ☐

WAS ICH SAGE:	WAS MEIN KIND HÖRT:
☐ Fass das nicht an.	☐ Berühre es sofort. Mit beiden Händen. Und lass es fallen.
☐ Schlaf jetzt	☐ Erzähl mir deinen gesamten Tag mit allen Details und trink zwei Gläser Wasser
☐ Nicht streiten!	☐ Kämpft wie zwei WWE-Wrestler um ein kaputtes Spielzeug.
☐	☐

ÜBER DICH

MEIN SPITZNAME FÜR DICH

DEINE PEINLICHSTE KLAMOTTE:

WAS ICH AN DIR AM MEISTEN BEWUNDERE:

MEIN ULTIMATIVER ERZIEHUNGSTIPP FÜR DICH:

SO SEHR MAG ICH DICH

0 1 2 3 4 5 6 7 8 9 seeehr!

WAS ICH DIR SCHON IMMER MAL SAGEN WOLLTE:

ICH WÜNSCHE DIR_

FÜR DICH WÜRDE ICH:

ÜBER UNS

FREUNDINNEN SEIT:

☐ ODER "GEFÜHLT SCHON IMMER"

DAS MÜSSEN WIR UNBEDINGT ZUSAMMEN MACHEN:

SO HABEN WIR UNS KENNENGELERNT (DIE UNGESCHÖNTE VERSION)

UNSER PEINLICHSTES GEMEINSAMES ERLEBNIS:

DARÜBER LACHEN NUR WIR BEIDE:

UNSERE FREUNDSCHAFT IN PROZENT

(WEIN, DRAMA, KAFFEE & INSIDER-WITZE...)

BUCKET LIST FÜR UNS:

WENN WIR BEIDEN HEXEN WÄREN, WÜRDEN WIR:

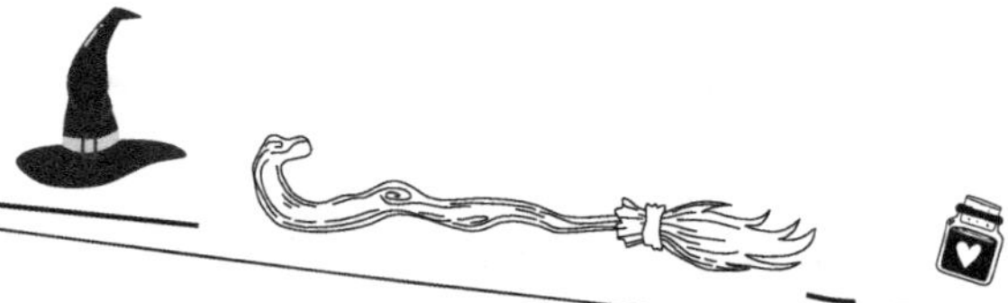

MAMA BINGO

kalten Kaffee getrunken	"ich zähle bis drei"	etwas vergessen	Streit geschlichtet
Toast falsch geschnitten	Kinderlied im Kopf	In Ruhe geduscht	Auf Lego getreten
"gleich"	Elternabend überlebt	Kind als Ausrede benutzt	"Mamaaa!"
Alles klebt	Falsche Brotdose gegriffen	Pädagogisch wertlos!	Essensreste gegessen

MEINE ENERGIE

- ☐ OK
- ☐ NAJA
- ☐ MEH
- ☐ 0,00000

MEIN MAMA-MANTRA HEUTE:

NOTIZ AN MICH SELBST:

Deutschsprachige Erstausgabe Dezember 2025

Verantwortlich gemäß § 5 TMG / § 55 RStV:
Traum & Tinte Verlag
c/o COCENTER
Koppoldstr. 1
86551 Aichach

Projektleitung, Covergestaltung und Satz:
Elena Markova Creative

Erste Auflage
ISBN 979-8-2782-0332-2

Printed in Germany
by Amazon Distribution
GmbH, Erfurt

11835345R00071